BAOBÁS
CAMINHOS PERCORRIDOS PELA LEI N.º 10.639/2003

Editora Appris Ltda.
1.ª Edição - Copyright© 2024 da autora
Direitos de Edição Reservados à Editora Appris Ltda.

Nenhuma parte desta obra poderá ser utilizada indevidamente, sem estar de acordo com a Lei nº 9.610/98. Se incorreções forem encontradas, serão de exclusiva responsabilidade de seus organizadores. Foi realizado o Depósito Legal na Fundação Biblioteca Nacional, de acordo com as Leis nºs 10.994, de 14/12/2004, e 12.192, de 14/01/2010.

Catalogação na Fonte
Elaborado por: Dayanne Leal Souza
Bibliotecária CRB 9/2162

L732b
2024
	Lima, Denise Maria Soares
	    Baobás: caminhos percorridos pela Lei n.º 10.639/2003 / Denise Maria Soares Lima. – 1. ed. – Curitiba: Appris, 2024.
	    135 p. : il. color. ; 21 cm. – (Coleção Educação e Direitos Humanos: Diversidade de Gênero, Sexual e Étnico-Racial).
	
	    Inclui referências.
	    ISBN 978-65-250-6450-5
	
	    1. A lei nº 10.639/03 e a formação de educadores. 2. Educação antirracista. 3. Ensino médio. I. Lima, Denise Maria Soares. II. Título. III. Série.
	<div align="right">CDD – 370.11</div>

Livro de acordo com a normalização técnica da ABNT

Appris *editora*

Editora e Livraria Appris Ltda.
Av. Manoel Ribas, 2265 – Mercês
Curitiba/PR – CEP: 80810-002
Tel. (41) 3156 - 4731
www.editoraappris.com.br

Printed in Brazil
Impresso no Brasil

Denise Maria Soares Lima

BAOBÁS

CAMINHOS PERCORRIDOS PELA LEI N.º 10.639/2003

Appris
editora

Curitiba, PR
2024

FICHA TÉCNICA

EDITORIAL	Augusto Coelho Sara C. de Andrade Coelho

COMITÊ EDITORIAL

Ana El Achkar (Universo/RJ)
Andréa Barbosa Gouveia (UFPR)
Antonio Evangelista de Souza Netto (PUC-SP)
Belinda Cunha (UFPB)
Délton Winter de Carvalho (FMP)
Edson da Silva (UFVJM)
Eliete Correia dos Santos (UEPB)
Erineu Foerste (Ufes)
Fabiano Santos (UERJ-IESP)
Francinete Fernandes de Sousa (UEPB)
Francisco Carlos Duarte (PUCPR)
Francisco de Assis (Fiam-Faam-SP-Brasil)
Gláucia Figueiredo (UNIPAMPA/ UDELAR)
Jacques de Lima Ferreira (UNOESC)
Jean Carlos Gonçalves (UFPR)
José Wálter Nunes (UnB)
Junia de Vilhena (PUC-RIO)

Lucas Mesquita (UNILA)
Márcia Gonçalves (Unitau)
Maria Aparecida Barbosa (USP)
Maria Margarida de Andrade (Umack)
Marilda A. Behrens (PUCPR)
Marília Andrade Torales Campos (UFPR)
Marli Caetano
Patrícia L. Torres (PUCPR)
Paula Costa Mosca Macedo (UNIFESP)
Ramon Blanco (UNILA)
Roberta Ecleide Kelly (NEPE)
Roque Ismael da Costa Güllich (UFFS)
Sergio Gomes (UFRJ)
Tiago Gagliano Pinto Alberto (PUCPR)
Toni Reis (UP)
Valdomiro de Oliveira (UFPR)

SUPERVISORA EDITORIAL	Renata C. Lopes
PRODUÇÃO EDITORIAL	Adrielli de Almeida
REVISÃO	Viviane Maria Maffessoni
DIAGRAMAÇÃO	Jhonny Alves dos Reis
CAPA	Carlos Pereira
REVISÃO DE PROVA	Bruna Santos

COMITÊ CIENTÍFICO DA COLEÇÃO EDUCAÇÃO E DIREITOS HUMANOS: DIVERSIDADE DE GÊNERO, SEXUAL E ÉTNICO-RACIAL

DIREÇÃO CIENTÍFICA Toni Reis

CONSULTORES

Daniel Manzoni (UFOP)
Belidson Dias (UBC Canadá)
Jaqueline Jesus (UNB)
Leonardo Lemos (Unicamp)
Wanderson Flor do Nascimento (UNB)
Marie Lissette (The American)
Guilherme Gomes (PUCRS)
Cleusa Silva (Unicamp)
Sérgio Junqueira
(Univ. Pontificia Salesiana-Roma-Italia)
Alexandre Ferrari (UFF)
Araci Asinelli (UFPR)
Fabio Figueiredo (PUCMG)
Grazielle Tagliamento (USP)
Magda Chinaglia (Unicamp)
Miguel Gomes Filho (Faed-UFGD)

Tereza Cristina (UFBA)
Jucimeri Silveira (PUC-SP)
Marcelo Victor (UFMS)
Cristina Camara (IFCS/UFRJ)
Vera Marques (Unisinos)
Antonio Pádua (UFRJ)
Lindamir Casagrande (UTFPR)
Mario Bernardo (UFRJ)
Helena Queiroz
(Universidad de La Empresa-Montevidéu)
Moisés Lopes (UNB)
Marco José de Oliveira Duarte (UERJ)
Marcio Jose Ornat (UEPG)

Dedico este livro com gratidão às minhas filhas e aos meus netos. Júlia e Rebeca me ensinaram a esperar. Levi, José e Pedro me ensinam a esperançar.

PREFÁCIO

PELAS TRILHAS DA LEI N.º 10.639/2003: BAOBÁ ILUMINA O SENTIR, PENSAR E AGIR FRENTE ÀS RELAÇÕES ÉTNICO-RACIAIS

O famoso vegetal,
Baobá, quero informar,
Nos chegou de muito longe
Do lado de lá do mar
Lá das terras africanas
Das planuras e savanas
Para aqui se aclimatar[1]
(Ernando Carvalho, 2008)

A escritora, professora e pesquisadora Denise Maria Soares Lima, com leveza e belezura poética, nos convida mergulhar numa produção atemporal sobre as trilhas da Lei n.º 10.639/2003. As reflexões e os estudos contidos no livro evocam e fazem ecoar, numa perspectiva dialética, abordagens e debates sobre temas atuais e necessários nos universos vividos de preconceitos, discriminações, racismo, intolerâncias.

Nesse sentido, enfatiza a valorização do povo negro, pois, segundo a autora, o foco central são as relações étnico-raciais pautadas no *quefazer* da educação. Com olhar e escuta aguçada, não somente na legalidade imposta pela legislação, mas, sobretudo, como sua materialidade ocorre em unidade aos direitos humanos arrebatando com firmeza e vontade política com inovação e reparação sócio-histórica.

Em duas dimensões, expõe questões indagadoras e centradas, semelhantes à fortaleza das raízes do Baobá. Numa, a dimensão é referente ao domínio de professoras e professores, atuantes no ensino

---

[1] Verso do Cordel Bê-a-bá do Baobá, escrito pelo nordestino Ernando Carvalho em 2008.

médio, em relação à obrigatoriedade da Lei Federal n.º 10.639/2003 no ensino de História e Cultura Afro-Brasileira e como ressaltam o sentido e significado atribuídos à temática das relações étnico-raciais. Noutra dimensão, questiona quais práticas pedagógicas são adotadas no trato do conteúdo legal sistematizado em situações educativas, junto à juventude, visando a um ensino-aprendizagem consistente e concentrado nas diferentes e/ou diversas faces do racismo.

Ancorada no colosso vegetal do baobá, com seu gigantesco tronco, como afirma a autora, toma como ponto de partida a recepção e a aplicação da legislação no Distrito Federal, que, com a análise de experiências e/ou orientações, investiga a sistematização do ensino-aprendizagem com princípios e pressupostos de uma educação antirracista, nos quais a ênfase reside nos direitos humanos visando contribuir com o processo de transformação de nossa sociedade com dignidade, respeito e igualdade sócio-político-cultural, para ser possível superar o universo de preconceitos decorrentes de adversidades presentes na sociedade capitalista, marcada por preconceitos e repressões que ainda enfrentamos.

Para prefaciar a obra *Baobás: caminhos percorridos pela Lei n.º 10.639/2003*, adotei como metáfora as partes do baobá em cada parte que constitui o livro, que em sua essência reveladora de investigação valoriza concepções e afirmações dialógicas, desafiando o senso crítico. É uma obra inspiradora que se constitui por entrelaçadas e estreitas articulações entre si, composta por partes como um pé de Baobá.

Denise, com sua meiguice e maestria, elabora a Apresentação e a Introdução como as raízes do baobá, finca suas fortes raízes, fazendo-nos o convite para adentrarmos as trilhas de uma potente lei, cujo batismo de "Lei Baobá" foi criação da referida autora. Estudiosa e revolucionária, a autora nos provoca reflexões e diálogos pedagógicos sobre como professoras e professores tratam saberes e conhecimentos para sistematizar o ensino-aprendizagem que assegurem a valorização de conhecimentos no campo das relações étnico-raciais (re)conhecendo as experiências sociais, históricas, culturais e políticas da população negra rompendo com concepções desagregadoras que cicatrizam e causam severas perdas e danos, existentes no mundo de formas veladas ou desveladas, no que diz respeito à idade, gênero, orientação sexual e origem, a intolerância, a violência, o preconceito, a discriminação e a injúria racial ou racismo.

No cultivo do Baobá, compreendo que a autora nos leva pela trilha do pensar certo, segundo o legado freireano: "É difícil, entre outras coisas, pela vigilância constante que temos de exercer sobre nós próprios para evitar os simplismos, as facilidades as incoerências grosseiras" (Freire, 2003, p. 49).

Nesse prisma de priorizar a complexidade humana com suas múltiplas relações, a pesquisadora propõe uma escola-educação com direitos humanos por posturas e atitudes pedagógicas materializadas na multiplicidade do ser humano, corpo discente, corpo docente e corpo gestor-administrativo, como sujeitos históricos que, neste cenário escolar, são engajados com o compromisso do pensar, agir, sentir o universo educativo alegre, leve, com regras construídas por esses sujeitos que fazem do esperançar, como a força das raízes do baobá, uma escola-educação que se estrutura e funciona em solo de sonhos possíveis.

Em seu repertório transformador, Denise expressa, na introdução, o foco deste livro, que reside em "discutir caminhos para combater as desigualdades raciais em prol de uma educação antirracista, para que pessoas negras possam se orgulhar de sua negritude e conquistar um espaço social legítimo" (p. 22). É uma obra ousada que, por sua envergadura acadêmico-científico-pedagógica, tem todos os requisitos para compor, com seu lançamento, as celebrações dos 20 anos da referida Lei. Pois, assumir a responsável proposta de "investigar como as professoras e os professores do ensino médio da rede pública do Distrito Federal recepcionaram a legislação sobre História e Cultura Afro-Brasileira e quais as práticas pedagógicas adotadas pelo corpo docente, referentes à temática da educação para as relações étnico-raciais, desde a publicação legal" (p. 29) é tomar para si um desafio. Significa submeter à comunidade científica uma publicação com esmero e, sobretudo, cooperar para ampliação no universo teórico-prático das relações étnico-raciais.

Denise, ainda, na dimensão reflexiva, deixa entre palavras de diversas linhas do texto que um princípio central é a descolonização das mentes para ser possível a luta em defesa contra a opressão e a discriminação. Com humildade e simplicidade, sem ser simplista, a obra considera o contexto real para uma educação antirracista, comprometida com a realidade social, que se constitui em um conjunto de ações intencionais em prol da luta da população negra com explícitas finalidades de contribuir para a humanização e emancipação de mulheres negras e homens negros rumo à formação cidadã.

No Contexto Histórico, discorre sobre "Os movimentos sociais negros e a Lei Federal n.º 10.629/2003" e sobre "Antecedentes legais pós-publicação da Lei". É admirável como Denise conta a história da historicidade da Lei n.º 10.639/03. A autora, ao desenhar esse quadro histórico, revela-nos que o farol focava nas condições objetivas, dessa população, no universo de formação, de acessibilidade ao ensino, impondo, com isso, a ressignificação da concepção e sistematização dos currículos educacionais vigentes.

Com fortes raízes como as do baobá, a autora faz provocações a todo sistema educacional brasileiro, movida pela certeza de que a luta do povo negro resgata, na Lei Federal n.º 10.639/2003, a valorização, cultura e formação, nascidas como o pé de baobá, da força, da resistência da resiliência e sabedoria da população negra, e refere-se à necessidade e à relevância de o povo negro continuar na luta por uma sociedade com equidade racial, social, econômica e política, porque acredita que a Lei conquista amplos horizontes. Contudo, faz-se necessário estudar desde a implantação da legislação anterior. Com esta narrativa, Denise evidencia que a história leva ao passado, fortalece o novo presente e faz ver, ao longe, o futuro.

No Contexto Teórico, aborda sobre Educação e Direitos Humanos, com propriedade na discussão dos princípios fundamentais do Estado democrático de direito, os quais constam no acervo legal da Constituição de 1988. Na pauta, traz à tona que o legislador incorpora os direitos humanos em diversos dispositivos constitucionais. E nós, como sujeitos históricos, temos, na obra de

Denise, elementos teórico-críticos para refletir sobre direitos, os quais têm como fundamento respeito ao ser humano, assegurando, também, ao povo negro, paz no viver social, com valores de justiça, de igualdade, como seres de relações e a prática da liberdade, aflorando um ser consciente de sua realidade e da realidade do mundo em que vive. Resultam dessa discussão sobre o aspecto histórico consequências diretas e/ou indiretas acerca dos direitos humanos em vários segmentos, o que torna impossível negar-lhes a existência.

Assim, entender esta obra, com questões que aceleram nosso pensar, é não permitir perpetuar o racismo em quaisquer cantos e recantos de nossa realidade racista, preconceituosa, capitalista, que, pela sua base estrutural eurocêntrica, opera políticas para manutenção das desigualdades em várias dimensões da vida. Nesse momento do pós-modernismo no Brasil, reconhecemos amplas mudanças em diversas áreas do conhecimento, por exemplo, na arte, na economia e na tecnologia, enquanto, nas diferentes esferas, especialmente a educacional, escamoteiam, na prática, direitos fundamentais para a população negra, enfatizando as mazelas dessa pós-modernidade para, cada vez mais, manter ações e atitudes de discriminação.

Fazer a leitura deste livro é incorporar seus ensinamentos teórico-práticos e crítico-dialéticos para (re)significar-se quando "as pessoas que representam a lei no Brasil (mas não só elas) costumam ter imensa dificuldade de ver racismo nas ações que lhes são reportadas. Suas interpretações sobre os fatos com frequência esbarram nas opiniões que elas (ou órgãos que representam) têm o mesmo racismo", como afirma Ynaê Lopes dos Santos (2022, p. 25). E, na continuidade de suas reflexões e denúncias, Ynaê reforça como o racismo deixa profundas marcas discriminatórias que se manifestam em nosso cotidiano, como legado do colonialismo, em que o povo negro era escravizado.

A narrativa de Denise esclarece que essas reflexões na prática/realização e manutenção do racismo no campo pantanoso de mera opinião não se dão por acaso, a desqualificação – ou mesmo o esvaziamento – das ações de cunho racista serve como um importante mecanismo para deslegitimar quem sofre racismo. É nesse balançar das folhas do baobá que se torna possível fortalecer-se como coletivo para o racismo não se perpetuar com suas facetas e fases que a história, por vezes, não conta.

Na mobilização do povo negro, para fortalecer este prefácio escrito com muito carinho e respeito à obra e à magnífica autora Denise, no imaginário provocado pela leitura, como na sombra de um baobá, busco em Karol Kosik (1976, p. 20) as relações que se manifestam no real concreto como mais uma possibilidade de reagir ao racismo. Ou seja, compreender e incorporar que "a distinção entre representação e conceito, entre mundo da aparência e o mundo da realidade, entre a práxis utilitária cotidiano dos homens *e das mulheres*, e a práxis revolucionária da humanidade ou, numa palavra, a 'cisão do único' é o modo pelo qual o pensamento capta a 'coisa em si'. A dialética é o pensamento crítico que se propõe a compreender a 'coisa em si' e sistematicamente se pergunta como é possível a compreensão da realidade". Da sapiência aqui tomada desse filósofo revolucionário, este estudo aponta, também, para romper com a doutrinação imposta ao povo negro ou romantizar o pensamento que deseja ser e estar no mundo igualitário.

No Contexto Educacional, Denise nos deixa encantados(as) com suas afirmações, convicções e análises. Ela o faz com a propriedade de uma educadora, penetrando no âmago da educação e do direito social e público, cobrando do Estado de forma que atinja a todos os segmentos da sociedade, com compromisso no êxito do processo educacional assegurando legitimar suas competências frente à estrutura e funcionamento desse processo.

A pesquisadora, na imersão dessa Lei, compõe uma verdadeira produção científica, de quem pesquisou, estudou, aprendeu, expressa linha a linha, parágrafo a parágrafo, a fortaleza que tem o baobá. E, com força e firmeza, carinho e sabedoria de uma mestra, deixa fluir o pensamento e nos ensina o sentido e significado da diversidade dos estudos das relações étnico-raciais, com propósito de abrir espaços de diálogos a partir da perspectiva multicultural crítica, intergerenciais, interculturais e interdisciplinares de relevância para negras e negros no desvelar de práticas educativas formativas de cunho pedagógico crítico. O refletir a partir desta obra político-científica nos leva para um lugar de transformação, abrindo horizontes em nosso contexto que, apesar do racismo estrutural, que precisa ser combatido, como fala Sílvio Almeida, nas dimensões política, econômica e subjetiva, em toda sua estrutura globalizada. É refletir de forma dialética sobre as identidades culturais. É sob esse prisma que ressalto a valorização desta obra. Nela e com ela, é possível entender com mais profundidade o que escreve Boaventura Souza Santos (2000, p. 17), quando fala sobre a crítica: "a teoria crítica que aqui proponho parte do pressuposto de que o que dizemos acerca do que dizemos é sempre mais do que o que sabemos acerca do que dizemos". Para estudar as relações étnico-raciais e olhar e pensar em transformação do cenário educacional brasileiro é inegociável não partir da base dos princípios da educação antirracista, que assegura a educação da não violência, da justiça, da ética, do reconhecimento da diversidade, da alteridade, da não discriminação, da amorosidade, do afeto, da belezura, da dialética.

A autora provoca pensar que a escola, como uma instituição social, tem o racismo impregnado em si. Portanto, indaga as relações de poder nas estruturas escolares que se interpõem nas questões raciais para que sejam silenciadas. É de uma riqueza natural como a autora nos convida para indagarmos essas questões raciais no dia a dia escolar, pois determinados professores não percebem e/ou não querem perceber a relevância destas no seu *quefazer*, por ainda estar no nível de consciência ingênua que o acomoda numa postura de perpetuar os preconceitos. Ela destaca a relevância e necessidade de educadores(as) incorporarem a reflexão dialética que contribui na formação cidadã, na qual negras e negros sejam respeitados.

Ao fazer a leitura deste livro, aprendi aspectos que serão importantíssimos quando da participação da comissão de heteroidentificação, em palestras e em sala de aula. É essa sensação de uma aprendizagem repleta de informações, conteúdos, conhecimentos e saberes que essa pesquisadora deixa em nossas raízes. Como é prazeroso fazer a leitura da criação e implantação da Lei Federal n.º 10.639/2003 com o olhar crítico e criativo de Denise. É uma aventura que nos provoca uma explosão de pensamentos e ideias e nos encaminha para ler a referida Lei sob a ótica de outro lugar. De um saber científico e, como tal, rigoroso, mas, sobretudo, um diálogo leve e suave como a implantação das raízes do baobá em terra firme. Com este livro, Denise se abre para um mundo crítico-reflexivo, para investigar uma temática tão relevante e dialógica para alertar que o racismo estrutural é perverso. E o caminho para derrubá-lo é a educação antirracista.

Nesse caminho de buscas e descobertas, Denise sabe, como poucas, colocar em pauta a área de políticas públicas educacionais, com enfoque nas relações étnico-raciais. Situa que a referida lei tem possibilitado o crescente debate sobre as questões étnico-raciais, inclusive, fomentado a pesquisa em diversos setores que envolvem a educação, como administração e gestão escolar, formação de professores, currículo e material didático. Por isso, esta pesquisa aparece como uma opção relevante para preencher essas lacunas, particularmente nos quesitos de importância e aplicação da legislação.

Para a autora compreender como professoras e professores recepcionam e aplicam a Lei Federal n.º 10.639/2003 no ensino médio desde sua publicação, no cotidiano escolar, foi necessário eleger um caminho metodológico – o Caminho da Pesquisa, imenso tronco – como farol para iluminar o percurso investigativo.

Ao tecer o conhecimento, a importância, a aplicação e a observação como categorias explicativas para as análises de seus achados, o trabalho de Denise impacta pelas contribuições resultantes do processo reflexivo acerca de questões desse porte, que ampliam e potencializam o recorte feito sobre as bases epistemológicas como objeto científico e suas repercussões na *práxis* pedagógica docente.

Ao analisar as práticas docentes, esta pesquisa visa fornecer uma visão detalhada de como a lei tem sido incorporada no ensino médio e quais impactos tem gerado. As conclusões obtidas buscaram oferecer subsídios para políticas educacionais mais efetivas e para a formação continuada dos professores, promovendo uma educação mais inclusiva e equitativa.

Na obra, Denise detalha os passos dados e as formas de buscar respostas. É um aprendizado para o leitor a maneira descrita metodologicamente. É um percurso metodológico que, como uma magia concreta, a autora desenha como e por que de sua realização, com olhares e escutas atentas para viver o real concreto. Não tenho dúvida de que quando esse estudo chegar à base escolar, ou seja, junto ao professorado, a Lei n.º 10.639/2003 deixará de ser tão somente uma questão de legislação/obrigatoriedade para que ocorram práticas consistentes no universo escolar sobre o ensino de História e Cultura Afro-Brasileira.

Como folhas do baobá, que ao vento nutrem a planta de enorme tamanho, a autora apresenta dados e/ou informações que, para além da profundidade desta pesquisa, abrem caminhos para outros mergulhos sobre seu objeto. Com o cuidado de uma pesquisadora que ama o que faz, a autora nos leva a conhecer minuciosos aspectos da estrutura escolar que investiga.

É uma obra completa que provoca a leitura atenciosa do leitor, quando, com tabelas e gráficos, vai cultivando seu baobá científico. Denise sabe mesmo o que faz. Tem dimensão do compromisso como educadora pesquisadora.

Para além do que até agora foi exposto, entende-se que a lei se conecta perfeitamente com os direitos humanos, razão pela qual se incluiu mais um breve capítulo para apresentar algumas dessas peculiaridades legais. É lindo compartilhar dessa construção, aprender com ela e poder aprofundar conhecimentos sobre a Lei Baobá que constitui conteúdo de disciplinas das relações étnico-raciais.

Denise retoma o diálogo sobre tão relevante lei num momento político-social que podemos assegurar aspirações e novos horizontes para a população negra junto às instituições, para que, pelo e com o coletivo socioeducacional, possamos aniquilar o racismo em todas suas dimensões. Esta obra acende uma luz e alimenta nosso esperançar (Freire, 2002) de concretizarmos a construção de uma sociedade justa e igualitária, na qual não cabe a desigualdade racial. O escrito da autora desvela um sentir em comum e o conviver na emoção a partir de um processo inovador com uma fruição pela vida em sociedade.

Em comunhão com esse entendimento, esta leitura estimula autonomia, criatividade, criticidade, ludicidade, solidariedade e empatia como categorias explicativas e, mais ainda, como postura étnico-racial. Essa fruição da vida significa estar no mundo como os grossos galhos do baobá, concretizar compromissos acadêmico-sociais para ser possível manter a chama acesa. Nós, pesquisadores(as), escrevemos e publicamos sobre os nossos achados científico-pedagógicos com a mesma força com que plantamos o baobá, lançando sementes para sonhar os sonhos possíveis e ter convicção de que o caminho se faz caminhando. A história da vida se faz pesquisando. E Denise concretiza esse compromisso com uma categoria singular e nos alerta e convoca para compartilhar de sua aventura criadora e criativa e assegurar o que diz a lei em nossas escolas e universidades para ressignificar conceitos e práticas, possibilitar mudanças vivendo na prática os desafios colocados por esta lei.

Lei Baobá é o termo que Denise escolheu para nomear a Lei 10.639/2993. E essa metáfora não surge do nada, muito pelo contrário, surge da vontade político-acadêmica de uma pesquisadora que acredita, luta e milita por uma sociedade em que os seres humanos são sujeitos de direito. Sim, todas e todos, independentemente de sua raça ou etnia. Com novas bases epistemológicas e metodológicas, a autora visa fortalecer a Educação Antirracista, a fazer valer os artigos e parágrafos nela descritos. Essa atitude tem que se expressar de forma que faça brotar as ideias do sentir, pensar e agir como flores do baobá.

Refletir e analisar a formação e atuação do professorado com base em temáticas ricas na essência de sua materialidade – conhecimento, a importância, a aplicação e a observação – é um permanente desafio. Um rico e aventureiro desafio que vem recheado de propostas de diferentes possibilidades de criação, expressividade, respeito, ética e estética. Trata-se de um processo que se faz no e com o coletivo, que reconhece as potencialidades manifestas do humano quando são assegurados os direitos humanos, compreendendo a complexidade de ser e estar no mundo. Permito-me, aqui, fazer uma citação de um trecho de minha tese "Lazer – Corporeidade – Educação: o saber da experiência cultural em prelúdio", do qual a obra de Denise me fez recordar:

> É imprescindível assumir o pensamento complexo para discernir o sentido e significado de propostas sobre o lazer e caminhos percorridos pela Lei 10.639/2003, dos estudos nos diferentes momentos da história da humanidade. Mesmo representativas, asseguravam respostas reais em conformidade com a época. Um pensamento complexo que resulte em respostas de rompimentos e renovações em relação às cegueiras do conhecimento, o que impõe pensar o lazer e caminhos percorridos pela Lei 10.639/2003, à luz das novas exigências, superando, portanto, as lacunas deixadas ao longo do tempo, (re)descobrindo e/ou (re)interpretando a cada momento o sentido e o significado dos estudos do lazer e caminhos percorridos pela Lei 10.639/2003, sintonizados com a dinâmica do novo tempo (França, 2003, p. 284).

Excelente leitura, reflexões, mudanças e superação, para ser possível concretizar os desafios que Denise propõe e que realmente é uma dívida de séculos.

Recife-PE, maio de 2024,
Tereza França[2]

---

[2] Em processo de pós-doutoramento, é doutora em Educação (UFRN), mestra em Educação Física (Unicamp), especialista em Ciências do Esporte e graduada Educação Física (UFPE). Docente e chefe do DEF-UFPE, pesquisadora e coordenadora do Núcleo Interdisciplinar de Pesquisas e Estudos do Lazer (UFPE-CAPES-CNPq). Pesquisadora dos Grupos Heteroidentificação (UFPE), Grupo de Estudos e Pesquisas em Autobiografias, Racismos e Antirracismos na Educação (CE-UFPE). Autora de mais de 800 trabalhos publicados em capítulos de livros, periódicos e anais de eventos científico-culturais. Conselheira Estadual de Cultura no Segmento de Matriz Africana, é Yalorixá – mãe Tereza D'Oyá.

REFERÊNCIAS

CARVALHO, E. **Bé-a-bá do Baóba**. Recife: Coqueiro, 2008.

FRANÇA, T. L. de. **Lazer – Corporeidade – Educação:** o saber da experiência cultural em prelúdio. Tese (Doutorado em Educação) – Universidade Federal do Rio Grande do Norte, Natal, 2003.

FREIRE, P.; FREIRE, A. M. A. **Pedagogia dos sonhos possíveis**. São Paulo: UNESP, 2001.

FREIRE, P. **Pedagogia da Autonomia** – saberes necessários à prática educativa. São Paulo: Paz e Terra, 2003.

KOSIK, K. **Dialética do concreto**. Rio de Janeiro: Paz e Terra, 1976.

SANTOS, B. V. S. **Crítica da razão indolente**: contra o desperdício da experiência. São Paulo: Cortez, 2000.

SANTOS, Y. L. dos. **Racismo brasileiro**: uma história da formação do país. São Paulo: Todavia, 2022.

APRESENTAÇÃO

Independentemente de idade, gênero, orientação sexual e origem, a intolerância, o preconceito, a discriminação e o racismo atingem a população brasileira negra há séculos. Essa desigualdade racial devasta o Brasil e causa sérios danos à sociedade, principalmente à juventude.

No Distrito Federal, essa situação é gravíssima, comprovada pelos índices lastimáveis de violência racial. Em 2023, essa unidade da federação foi apontada com o maior número de registros de crimes de injúria racial ou racismo, homo e transfóbicos, segundo o Anuário Brasileiro de Segurança Pública (2023).

No ambiente escolar, a situação não se apresenta diferente. Em 2008, por exemplo, constatou-se a existência de um quadro de violência entre jovens:

> Uma das questões mais inovadoras apontada por essa pesquisa é a discriminação detectada na escola. Os tipos mais informados foram a homofobia, com 63,1% das respostas dos alunos e 56,5% dos professores, e o racismo, com 55,7% dos alunos e 41,2 % dos professores (Ritla, 2008, s/p.).

Somado a isso, muitos são os casos de racismo e/ou injúria racial envolvendo a comunidade escolar, docentes e discentes cotidianamente são vítimas (e/ou agressores), como o noticiado em 25 de outubro de 2023, de que uma professora refere-se a um estudante como "preto, pobre e feio", em uma escola pública distrital.

Não bastasse isso, o Governo do Distrito Federal (GDF) não costuma dar exemplos. Em outubro de 2011, a Polícia Militar do Distrito Federal teve que recolher, às pressas, cartilha intitulada "Cuidados para evitar roubos e furtos na Estação Rodoviária de Brasília".

Figura 1 – Cuidados para evitar roubos e furtos na estação rodoviária

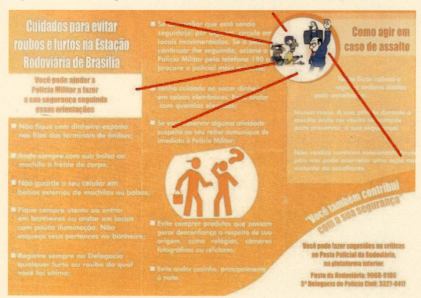

Fonte: Distrito Federal – Polícia Militar de Brasília (2011)

Tratando-se de publicidade, mais uma vez, em 2023, o governo do Distrito Federal foi alvo de críticas, ao divulgar, em campanha publicitária contra a seca, imagem de um homem negro cujo cabelo *black power* se estendia à queimada da vegetação ao fundo, como se nota na próxima figura (Figura 2). Diferentemente do ano de 2011, não houve recolha do produto, porém, numa tentativa de "negar" a publicidade racista, imediatamente após a referida publicação e recepção pública negativa, foram lançados cartazes com pessoas (homens e mulheres) brancas, pretas, ruivas, com modelos distintos de cabelos, no mesmo cenário do cerrado incendiado; enquanto a postagem original foi retirada da página oficial do GDF.

Figura 2 – Propaganda oficial do GDF contra queimadas

Fonte: Distrito Federal (2023)

  Ilustrações racistas como as apresentadas, com criminosos negros e vítima branca ou a associação de pessoas negras a atos criminosos, são difundidas como comuns. Entre modos menos sutis e outros mais escancarados de se disseminar o racismo, a população negra brasileira enfrenta cotidianamente as barreiras que lhe são impostas em razão de sua cor. Cabe salientar que o termo usado genericamente como população significa um a um, cada pessoa de pele negra: bebês, meninas e meninos, jovens, mulheres e homens, idosas e idosos.

  Como professora da rede pública do Distrito Federal, foi em sala de aula que o meu olhar se fez mais atento. As desigualdades raciais presentes no meu dia a dia escolar revelaram posturas, ativas ou omissas, capazes de comprometer um aprendizado exitoso. Longe de me esquecer dos mais distintos problemas enfrentados por toda a comunidade escolar, o racismo institucional se constitui como um dos mais graves desses, sendo visível sua presença no interior de nossas escolas, demonstrado pelo tratamento diferenciado dado às negras e aos negros, pela representação (omissa, diminuída ou negativa) discriminatória em materiais didáticos, pela ausência da história de negras e negros nos currículos, de acordo com a legislação, entre outros modos já assinalados na literatura, como veremos ao longo desta obra.

Durante o meu percurso docente, a Lei Federal n.º 10.639 de 2003 (Brasil, 2003) foi publicada. Nascida de um esforço conjunto de diversos segmentos negros da sociedade, a recepção e a aplicação da referida lei tornaram-se o meu objeto de pesquisa desde 2008, assim como a sua aplicação nos projetos em sala de aula. Em conversas informais com colegas, surgiu a brincadeira de "apelidá-la", pois sempre me perguntavam se não havia um jeito mais simples de nomeá-la. Com isso, acabei batizando-a de **Lei Baobá**. Vejam o porquê:

Rubem Alves (2007), no conhecido texto "Sobre jequitibás e eucaliptos", propõe uma reflexão sobre essas árvores e homens (educadoras/educadores e professoras/professores). Analogicamente, afirmando que um e outro não são o mesmo porque cada árvore é a revelação de um habitat, cada uma delas tem cidadania em um mundo específico. Também os baobás, grandes árvores africanas longevas, consideradas míticas e sagradas em países como o Senegal, têm cidadania específica. Seu berço africano conta histórias que chegam até seis mil anos, tal como a Lei n.º 10.639/2003, que vem cheinha de histórias e história para contar.

Assim, este livro é fruto de um conjunto de histórias e experiências. Todas têm, porém, um fato comum: discutir caminhos para combater as desigualdades raciais em prol de uma educação antirracista, para que pessoas negras possam se orgulhar de sua negritude e conquistar um espaço social legítimo.

BAOBÁS[3]

Há muito tempo, aproveitando a imensa sombra sob os baobás, famílias inteiras se reuniam a contar histórias de seus antepassados. Relatos de lugares tão distantes e tão próximos de coração! Isa, ao ouvi-las, repetia palavra por palavra porque um dia também queria ser contador e cantador de belas histórias!

Seu avô, Lutalo, juntamente com outros anciãos revelavam contos de tribos, reinados e impérios africanos. Tão exuberantes traziam impressões de lugares maravilhosos deixados para trás. Ao pensar sobre as fortalezas construídas na África, Isa tinha orgulho de seus ancestrais. Em torno dos baobás, os mais velhos também conversavam, fosse o que fosse, até tomarem uma decisão. Isa observava tudo com atenção e pensava

_ Quanta sabedoria há na unanimidade!

E assim, Isa cresceu, apaixonou-se por Kira. Tiveram dois filhos: Gogo e Jamila. E continuou contando africanidades a seus filhos, a amigos de seus filhos, a filhos de seus filhos. Sempre à sombra de baobás.

Todos ouviam atentamente histórias das cidades iorubás, Ifé, berço da civilização iorubá, e Benin, dos Impérios de Gana, Mali, Songai e tantos outros, e das civilizações egípcia e cuxita.

Passou.

Um dia, Babu, atento à fala do avô Isa, perguntou:

"Vovô, por que eu nunca escutei essas histórias na minha escola?"

Isa não se surpreendeu. Sabia o porquê. Sabia que o caminho percorrido por seus antepassados, por ele e por outros afrodescendentes sempre fora de luta. Que entre muitas batalhas travadas para conquistar espaços, muitas foram ganhas; outras, ainda estão sendo... Sabia, também, que Babu tinha razão. Pensou na conquista da Lei n.º 10.639, Lei de Movimentos, lembrou-se do seu avô e dos baobás. Comparou a Lei ao baobá, vem cheinha de histórias, cheinha de inteligência, e afirmou:

"A Lei Baobá veio para ficar, Mojubá! Mojubá!"

(Denise Lima, 2011)

---

[3] Publicado nos Cadernos Negros, n.º 34.

LISTA DE SIGLAS

ACD – Análise Crítica do Discurso

ADCT – Ato das Disposições Constitucionais Transitórias

BA – Bahia

CEM – Centro de Ensino Médio

CNE/CP – Conselho Nacional de Educação/ Conselho Pleno

CRE – Coordenação Regional de Ensino

DRE – Diretoria Regional de Ensino

Codeplan – Companhia de Planejamento do Distrito Federal

FIPE – Fundação Instituto De Pesquisas Econômicas

GDF – Governo do Distrito Federal

IBGE – Instituto Brasileiro de Geografia e Pesquisa

IES – Instituições de Ensino Superior

INEP – Instituto Nacional de Estudos e Pesquisas Educacionais Anísio Teixeira

IPEA – Instituto de Pesquisa Econômica Aplicada

IPEA – Instituto de Pesquisa Econômica Aplicada

LDB – Lei de Diretrizes e Bases da Educação Nacional

MPT – Ministério Público do Trabalho

ONU – Organização das Nações Unidas

PA – Pará

PDAD – Pesquisa Distrital por Amostragem em Domicílios

PI – Piauí

PLANPIR – Plano Nacional de Promoção de Igualdade Racial

PNAD – Pesquisa Nacional por Amostragem em domicílios

PNDH	–	Programa Nacional de Direitos Humanos
PNEDH	–	Plano Nacional de Educação em Direitos Humanos
PNUD	–	Programa Das Nações Unidas Para O Desenvolvimento
RITLA	–	Rede de Informação Tecnológica Latino-americana
RS	–	Rio Grande do Sul
SE	–	Sergipe
SEEDF	–	Secretaria de Estado de Educação do Distrito Federal
SEPPIR	–	Secretaria Especial de Políticas de Promoção da Igualdade Racial
SP	–	São Paulo
SPSS	–	Statistical Package for the Social Sciences
UFMG	–	Universidade Federal de Minas Gerais
UFPR	–	Universidade Federal do Paraná
UnB	–	Universidade de Brasília
UNESCO	–	Organização das Nações Unidas para a Educação, a Ciência e Cultura

SUMÁRIO

INTRODUÇÃO...29

CONTEXTO HISTÓRICO..31
   Os movimentos sociais negros e a Lei Federal n.º 10.639/2003.....................31
   Antecedentes legais...34
   Pós-publicação da Lei...37

CONTEXTO TEÓRICO..39
   Direitos humanos e conceitos...39
   Educação e direitos humanos...46

CONTEXTO EDUCACIONAL...49
   Panorama das desigualdades raciais educacionais...49
   Políticas públicas educacionais...56

TENDÊNCIAS DAS PESQUISAS (2002-2011)..61

O CAMINHO DA PESQUISA...67

O CAMPO INVESTIGATIVO: ESCOLAS E PARTICIPANTES..............73
   Centro de Ensino Médio Assaí...74
   Centro de Ensino Médio Valença..75
   Centro de Ensino Médio Penedo..77

QUAIS QUESITOS PODEMOS CONSIDERAR COM
A LEI BAOBÁ?...87
   Conhecimento..87
   Importância..93
   Aplicação..97
   Observação...106

LEI 10.639/2003 E DIREITOS HUMANOS: CONEXÕES POSSÍVEIS..113

A TÍTULO DE CONCLUSÃO..117

REFERÊNCIAS..123

INTRODUÇÃO

Baobás: caminhos percorridos pela Lei n.º 10.639/2003 tem como proposta investigar como as professoras e os professores do ensino médio da rede pública do Distrito Federal recepcionaram a legislação sobre História e Cultura Afro-Brasileira e quais as práticas pedagógicas adotadas pelo corpo docente, referentes à temática da educação para as relações étnico-raciais, desde a publicação legal.

Com a celebração de vinte anos da publicação, considerei importante republicar a pesquisa cuja fonte de inspiração veio a partir da compreensão da luta histórica dos movimentos sociais negros que, organizados das mais distintas formas de expressão (grupos sindicais, religiosos, culturais, rurais, movimentos feministas, entre outros), agruparam-se cada vez mais no combate ao racismo.

Nos primeiros anos da legislação, receava-se que se tornasse "letra-morta" ou efetivamente fosse descumprida. Passaram-se os anos e a Lei n.º 10.639, de 2003, demonstrou a que veio e como veio para ficar. Não me surpreende, justamente pela força que traz em suas raízes. Após vinte anos são inúmeros os trabalhos que despontam com muito saber, principalmente em eventos educativos, como congressos, seminários, feiras e outros. Autoras e autores exibem com brilho suas experiências e pesquisas, em escolas e salas de aulas. Além disso, os livros foram se reformulando e encontrando aqui e ali modos de semear a legislação, alguns com mais resistência editorial ou menos cuidado nas publicações, e o longo e complexo caminho percorrido segue destemido.

Com lugar reservado, raro é o evento que não considera um Grupo de Trabalho (GT) exclusivo para as Relações Étnico-Raciais, ganhando força coletiva e marcando presença. Muitas são as pautas trazidas, da educação infantil à superior, todas em comum: a luta por uma educação antirracista motivada por questionar e modificar um currículo embranquecedor, ainda presente em muitos contextos educativos.

Nesse desequilíbrio, a Lei n.º 10.639, que nomeei de Lei Baobá, inaugurou um tempo novo. Veio como os baobás, polinizados de flor em flor. Obviamente não fazem isso sozinhos, precisam de seus agentes, de multiplicadores para alavancar, erguer e reinaugurar a escola empretecida, que transfira conhecimentos de outrora, circule novos aprendizados e encabece a educação antirracista.

Querendo assim, relanço este livro que se estrutura em quatro momentos. Inicialmente, estudo dois precedentes na formação da lei: a participação dos movimentos sociais negros e os antecedentes legais para em seguida discorrer sobre os acontecimentos referentes à lei após a sua publicação. Há a intenção de reexaminar o contexto histórico, determinante para a implementação legal, assim como os fatos que a sucederam. Em seguida, demonstro que a Lei Federal n.º 10.639/2003 se insere em duas categorias: direito social e direito humano. Feito isso, busco analisar o contexto educacional trazendo um panorama das desigualdades sociais raciais e das políticas públicas educacionais. Nesse âmbito, revejo a importância das relações étnico-raciais e como a discriminação racial e o racismo impactam a aprendizagem. Ainda recorro às pesquisas publicadas entre 2002-2011.

Em segundo, informo o caminho da pesquisa e o campo investigativo para a análise e compreensão do campo estudado, que foram reestruturadas em categorias por temáticas: conhecimento, importância, aplicação e observação. Tais estruturas visam, a partir de elementos comuns, buscar respostas capazes de fornecerem ao pesquisador resultados férteis conforme assegura Bardin (2009, p. 148): "Um conjunto de categorias é produtivo se fornece resultados férteis: férteis em índices de inferências, em hipóteses novas e em dados exactos". Nesse nível de discussão, buscar-se-á exercitar a experiência reflexiva, explanando as impressões sobre o tema pesquisado. Por fim, estudo como a legislação e os direitos humanos se conectam.

Dessa forma, espero que este livro traga-lhe informações importantes acerca da Lei n.º 10.639/2003 e, motivado por esta pesquisa, possa refletir sobre as concretas mudanças que a legislação trouxe nos anos pós-publicação.

CONTEXTO HISTÓRICO

Os movimentos sociais negros e a Lei Federal n.º 10.639/2003

A histórica luta da resistência negra e, posteriormente, dos movimentos sociais negros organizados, constantemente denunciou a presença de desigualdades raciais na sociedade brasileira, bem como reivindicou mudanças na esfera educacional, entre as quais se destacam: formação e melhores condições de acesso ao ensino para a população negra, reformulação dos currículos escolares valorizando o papel e participação de negras e negros na história brasileira, erradicação da discriminação racial e de ideias racistas nos livros escolares e nas escolas. Santos, S. (2005, p. 23) reforça que, já na década de 50, do século XX, os movimentos sociais reivindicavam uma reestruturação nos currículos nacionais:

> Portanto, ao perceberem a inferiorização dos negros, ou melhor, a produção e a reprodução da discriminação racial contra os negros e seus descendentes no sistema de ensino brasileiro, os movimentos sociais negros (bem como os intelectuais negros militantes) passaram a incluir em suas agendas de reivindicações junto ao Estado Brasileiro, no que tange à educação, o estudo da história do continente africano e dos africanos, a luta dos negros no Brasil, a cultura negra brasileira e o negro na formação da sociedade nacional brasileira. Parte desta reivindicação já constava na declaração final do *I Congresso do Negro Brasileiro*, que foi promovido pelo Teatro Experimental do Negro (TEN), no Rio de Janeiro, entre 26 de agosto e 4 de setembro de 1950, portanto, há mais de meio século.

Tais demandas, como destaca o autor, constatam a atuação desses grupos, que pode ser observada, por exemplo, quando obteve a reestruturação de livros didáticos, eliminando a figura negra como "racialmente inferior", no fim do século passado.

A educação foi pauta de reivindicação desde as primeiras manifestações dos movimentos organizados, que segundo Santos, I. (2011, p. 58), ao analisar o contexto em que se fundam essas entidades, em 70, acresce: "O movimento negro é, pois, filho da explosão educacional dos anos 70 – proliferação de faculdades particulares estimuladas pelo Estado como "crise de vagas no ensino superior" (destaque do autor).

Antecedendo a Constituição de 1988, sessenta e três entidades participantes de segmentos variados de todo o país organizaram-se para formar a "Convenção Nacional do Negro pela Constituinte". Esse encontro resultou em um documento registrado em 27 de outubro de 1986, no Primeiro Ofício de Registros de Títulos e Documentos, em Brasília, Distrito Federal, onde constavam as principais exigências dirigidas aos membros da Assembleia Nacional. Entre essas, destacavam-se os pedidos de inclusão no ensino obrigatório da História da África e da História do Negro no Brasil, de educação gratuita e da instituição do dia 20 de novembro, como o Dia Nacional da Consciência Negra:

> VI. Sobre EDUCAÇÃO:
>
> 1 – É obrigatória a inclusão nos currículos escolares de I, II e III graus, do ensino da História da África e da História do Negro no Brasil.
>
> 2 – A Educação será gratuita, em todos os níveis, independentemente da idade do educando. Será obrigatória a nível de I e II graus
>
> VII. Sobre a CULTURA:
>
> 3 – Que seja declarado Feriado Nacional, o dia 20 de NOVEMBRO, data de Zumbi, o último líder do Quilombo dos Palmares, como o DIA NACIONAL DA CONSCIÊNCIA NEGRA.

Bento (2006) enfatiza que o Movimento Negro, na última década do século XX, representou um dos mais inovadores movimentos sociais brasileiros, orientado pelos seguintes objetivos: o combate às desigualdades raciais, a luta pela transformação social e a valorização da identidade e da cultura negras.

Efetivamente, a Lei Federal n.º 10.639/2003 que determina incluir, no currículo dos estabelecimentos de ensino fundamental e médio, oficiais e particulares, a obrigatoriedade da temática História e Cultura Afro-Brasileira e dá outras providências, representa mais uma vitória desses movimentos em prol de uma educação antirracista. Nesse sentido, vale verificar a orientação dada pela Lei Federal n.º 10.639/2003, que acrescenta à Lei n.º 9.394, de 20 de dezembro de 1996, Lei de Diretrizes e Bases da Educação Nacional, os artigos 26-A e 79-B, *in verbis*:

> Art. 26-A Nos estabelecimentos de ensino fundamental e médio, oficiais e particulares, torna-se obrigatório o ensino sobre História e Cultura Afro-Brasileira.
>
> § 1º O conteúdo programático a que se refere o *caput* deste artigo incluirá o estudo da História da África e dos Africanos, a luta dos negros no Brasil, a cultura negra brasileira e o negro na formação da sociedade nacional, resgatando a contribuição do povo negro nas áreas social, econômica e política pertinentes à História do Brasil.
>
> § 2º Os conteúdos referentes à História e Cultura Afro-Brasileira serão ministrados no âmbito de todo o currículo escolar, em especial nas áreas de Educação Artística e de Literatura e História Brasileiras.
>
> Art. 79-B O calendário escolar incluirá o dia 20 de novembro como "Dia Nacional da Consciência Negra." (Brasil, 2003).

O texto legal estabelece novos caminhos para a educação escolar, ao voltá-la para as relações étnico-raciais, para o ensino da História e Cultura Afro-Brasileira e Africana, para o estudo da luta negra no Brasil e para a cultura negra brasileira e sua formação, no intuito de resgatar a contribuição do povo negro em todas as áreas. Além disso, determina que esses conteúdos sejam ministrados em todo o currículo e inclui o Dia da Consciência Negra no calendário escolar.

Considerando que apesar da conquista da militância negra organizada e da consequente publicação, o texto legal por si só não se constituiu em garantia efetiva de sua implantação nas escolas nacionais. Importa, pois, verificar também a legislação que antecedeu a lei em estudo.

Antecedentes legais

A Constituição da República Federativa do Brasil de 1988 assegura o direito à educação como um direito social e direito de todas e de todos, assim como institui garantias para a efetivação da educação como dever do Estado. Entre outros dispositivos, determina competência privativa da União para legislar sobre diretrizes e bases da educação nacional (Brasil, 2010). Por sua vez, a Lei de Diretrizes e Bases da Educação Nacional (LDBEN) ratifica, no artigo segundo, a orientação constitucional, reafirmando que a preparação para o exercício da cidadania é um dos fins da educação (Brasil, 2010a).

Não somente a educação ocupa um lugar privilegiado no texto constitucional, também, na categoria de direitos e garantias fundamentais, a prática do racismo é constituída como crime inafiançável e imprescritível. Além desses dispositivos, a Carta de 1988 determina que o Estado garanta a todas e a todos o pleno exercício dos direitos culturais e acesso às fontes da cultura nacional, bem como apoiará e incentivará a valorização e a difusão das manifestações culturais, dispondo no parágrafo primeiro do mesmo artigo sobre a proteção de culturas afro-brasileiras (art. 215, § 1º, Brasil, 2010). E ainda, o ensino da história do Brasil é matéria constitucional, que cuida para que esse leve em conta as contribuições de diferentes culturas e etnias para a formação do povo brasileiro (art. 242, § 1º, Brasil, 2010).

Por sua vez, o Brasil, ao formalmente instituir o Estado democrático de direito e reconhecer os direitos da pessoa humana, impõe ao Estado uma série de ações e medidas para garantir esses direitos e cumprir obrigações assumidas internacionalmente. Nesse âmbito, documentos normativos principalmente da ONU e da UNESCO merecem destaque. Diante da vasta literatura produzida por esses organismos e da natureza desses no que diz respeito ao objeto de estudo, buscou-se priorizar aqueles redigidos após 1988, na dimensão educacional, racial e cultural.

Historicamente, a Declaração Universal dos Direitos Humanos demarca a construção de uma cultura em direitos humanos em prol do direito à igualdade, à liberdade, à instrução, entre outros, assim como o repúdio a qualquer forma de discriminação. Desde então, esse conjunto normativo foi ampliado e gerou novas ramificações, reiterando valores e princípios desse tronco comum (Gomes, C., 2001).

Desse modo, na esteira educacional, vale destacar: a Recomendação contra a discriminação em Educação, em 1960, a Recomendação relativa à Educação de Jovens e Adultos, em 1976, e a Declaração Mundial e Programa de Educação para Todos, realizada em 1990, na Conferência Mundial sobre Educação para Todos, em Jomtien, Tailândia. Esse último relata que, após quarenta anos da Declaração Universal de Direitos Humanos, ainda existe um preocupante quadro de desequilíbrio mundial no quesito educacional, ao mesmo tempo em que enumera objetivos, metas e planos de ação, sugerindo que os países signatários definam políticas para a melhoria da educação básica, convocando a participação e apoio dos principais colaboradores, tais como a Organização das Nações Unidas para a Educação, a Ciência e a Cultura (UNESCO):

> Instituições e agências internacionais, entre as quais pontuam inúmeros patrocinadores, co-patrocinadores e patrocinadores associados da Conferência Mundial sobre Educação para Todos, devem empenhar-se ativamente no planejamento conjunto e sustentação do seu apoio de longo prazo às ações nacionais e regionais tipificadas as seções anteriores. Os principais patrocinadores da iniciativa de Educação para Todos (PNUD, UNESCO, UNICEF, Banco Mundial), cada um no âmbito de seu mandato e responsabilidades especiais, e de acordo com a decisão de suas instâncias diretoras, devem ratificar seu compromisso de apoio às áreas prioritárias

de ação internacional listadas abaixo, e a adoção de medidas adequadas para a consecução dos objetivos da Educação para Todos (UNICEF Brasil, 2012, p. 18).

Resgata-se essa longa citação para demonstrar que, na Declaração, os países participantes são convocados a empreender políticas para que a educação esteja ao alcance de todas e todos, afirmando-a como meio para o desenvolvimento social e individual, melhorando a qualidade e garantindo o acesso, principalmente, às minorias excluídas.

Na dimensão racial, três documentos internacionais são relevantes: a Convenção Internacional sobre Eliminação de Todas as Formas de Discriminação Racial, em 1968, a Declaração e Programa de Ação de Viena e a Declaração e Programa de Ação em Durban, conforme adotado na Conferência Mundial contra o Racismo, a Discriminação Racial, a Xenofobia e Outras Formas de Intolerância de Durban, em 2001. O primeiro, considerado marco legal sobre o conceito de discriminação racial[4], é básico para a compreensão das ações afirmativas (Maia, 2010). O segundo, Conferência Mundial de Direitos Humanos, em 1993, considera a eliminação do racismo e da discriminação racial objetivo prioritário da comunidade internacional. E o terceiro, Conferência de Durban, por reconhecer a impossibilidade de coexistência entre o pleno gozo de direitos humanos e a prática do racismo, discriminação racial, xenofobia e intolerâncias correlatas, bem como por negar a existência de hierarquia racial e por reafirmar a necessidade de que os Estados promovam políticas públicas para eliminar todas e quaisquer formas e manifestações de preconceito racial.

No campo cultural, importantes documentos internacionais também merecem realce: Declaração Universal sobre Diversidade Cultural, em 2001; Convenção para Salvaguarda do Patrimônio Imaterial e Cultural e Declaração da UNESCO sobre a Destruição Intencional

---

[4] "Nesta Convenção, a expressão "discriminação racial" significará qualquer distinção, exclusão, restrição ou preferência baseadas em raça, côr, descendência ou origem nacional ou étnica que tem por objetivo ou efeito anular ou restringir o reconhecimento, gôzo ou exercício num mesmo plano, (em igualdade de condição), de direitos humanos e liberdades fundamentais no domínio político econômico, social, cultural ou em qualquer outro domínio de vida pública".

de Patrimônio Cultural, ambos de 2003. Esses documentos têm em comum o reconhecimento do caráter plural de todas as culturas e dos direitos culturais como direitos humanos necessários à sobrevivência dos indivíduos. Considerando especificamente a legislação em estudo, Santos, S. (2005), ao realizar um estudo sobre a implementação dos conteúdos referentes à temática negra nas escolas, internamente, afirma que, em matéria legislativa, o Distrito Federal, a exemplo de outras unidades federativas (PI, SP, SE, PA, RS, MG e BA) instituiu lei sobre o estudo da raça negra como conteúdo programático dos currículos do sistema de ensino do Distrito Federal (Lei n.º 1.187, de 13 de setembro de 1996[5]), contudo, conforme analisa, pouco se avançou no sentido de sua implementação.

Diante dessas mudanças na cena nacional, a Lei Federal n.º 10.639 é publicada em 2003, propondo um espaço de discussão da temática racial em sala de aula, ou seja, surge como uma ferramenta educacional de mudança social.

Pós-publicação da Lei

Após a publicação da Lei Federal n.º 10.639/2003, em 2004, o Conselho Nacional de Educação aprovou parecer[6] e exarou resolução[7], instituindo as Diretrizes Curriculares Nacionais para a Educação das Relações Étnico-Raciais e para o Ensino de História e Cultura Afro-Brasileira e Africana (Brasil, 2004). Os referidos documentos tornaram-se, ao longo dos anos, referência para agentes educativos interessados em compreender os desígnios legais.

Ainda nesse compasso, surgiu a Proposta Nacional que trata das responsabilidades de cada órgão governamental e sistema de ensino nas ações para implementação da citada lei, que, atendendo aos anseios da

---

[5] Projeto do Deputado Distrital Antônio José (Cafu).

[6] CNE/CP n.º 03, de 10 de março de 2004, Parecer sobre as Diretrizes Curriculares Nacionais para Educação das Relações Etnicorraciais e para o Ensino de História e Cultura Afrobrasileira e Africana, onde ficam estabelecidas orientações de conteúdos a serem incluídos e trabalhados e suas respectivas modificações (Brasil, 2004).

[7] A Resolução CNE/CP n.º 01, publicada em 17 de junho de 2004, detalha os direitos e obrigações dos entes federados frente à implementação da Lei n.º 10.639/2003 (Brasil, 2004).

sociedade civil, em conjunto com órgãos ministeriais, dá origem, em 2008, ao Plano Nacional de Implementação das Diretrizes Curriculares Nacionais da Educação das Relações Étnico-Raciais e para o Ensino de História e Cultura Afro-Brasileira e Africana – Lei n.º 10.639/2003, (Brasil, 2010b), cujo propósito é garantir que todo o sistema de ensino e instituição educacional cumpram as determinações legais.

Na ocasião da elaboração e lançamento do Plano, o artigo 26-A da LDBEN, da lei em estudo, já havia sido modificado para incluir a história e cultura indígena à afro-brasileira, alterando desta forma o *caput* e os parágrafos subsequentes, em 10 de março de 2008. Assim, a partir dessa data, a LDBEN passa a ter nova redação, incluindo a exigência do estudo da História e Cultura Indígena, Lei Federal n.º 11.645/2008. Contudo, nosso estudo pauta-se na recepção e aplicação legal referente à temática negra.

Assim, o referido Plano, cujo propósito é garantir que todo o sistema de ensino e instituição educacional cumpram as decisões legais, entre diversas determinações expressas, determina, ainda, ações para os níveis de ensino e modalidades de ensino e educação. No que tange ao ensino médio, nível investigado, contempla a juventude negra brasileira e relata:

> [...] esse é um dos níveis de ensino com menor cobertura e maior desigualdade entre negros e brancos. Em 2007, 62% dos jovens brancos de 15 a 17 anos freqüentavam a escola, enquanto que o percentual de negros era de apenas 31%. Se o recorte etário for 19 anos, os brancos apresentam uma taxa de conclusão do ensino médio de 55%, já os negros apenas 33% (BRASIL, 2010b, p. 48).

Salienta-se que o Plano reafirma a necessidade de enfrentar todas as formas de preconceito, discriminação e racismo para garantir o direito de aprender e a equidade educacional, salientando a necessidade, inclusive, de as Instituições de ensino superior (IES) incluírem em seus currículos os conteúdos e disciplinas que versem sobre a educação das relações étnico-raciais.

CONTEXTO TEÓRICO

Direitos humanos e conceitos

O texto da Carta de 1988 se destaca como abrigo de princípios fundamentais constituintes do Estado democrático de direito. Dentre esses, o legislador acolheu os direitos humanos (art. 1º, III; art. 34, VII, "b"; art. 36, III, e § 3º, art. 4º, II e ADCT, art. 7º; Brasil, 2010). De modo que não há como negar-lhes a existência. O Programa Nacional de Direitos Humanos, PNDH3 (Brasil, 2010c), afirma que os princípios históricos dos direitos humanos são orientados pela afirmação do respeito ao indivíduo e pela busca permanente da paz e tem seus fundamentos na justiça, na igualdade e na liberdade. Para além desse conceito histórico, os direitos humanos têm alcance em múltiplas dimensões, entre as quais a educativa.

Nessa dimensão, o aludido programa entende a educação em direitos humanos como processo sistemático e multidimensional cujo fim é combater o preconceito, a discriminação e a violência, promovendo a adoção de novos valores de liberdade, justiça e igualdade, orientados para a formação de sujeitos de direitos (Brasil, 2010c). Para os objetivos desta obra, vale compreender alguns conceitos acima, particularmente preconceito e discriminação.

Em manual titulado *Brasil, gênero e raça*, preconceito é definido como uma indisposição, um julgamento prévio, negativo, que se faz de pessoas estigmatizadas por estereótipos (Brasil, 1998, p. 14). Por sua vez, preconceito é palavra derivada do latim (*praecomceptu*), que, segundo o Dicionário de Sociologia (2012), está estritamente ligado à noção de atitude e de estereótipo, trata-se de juízo feito sobre um grupo antes de qualquer experiência e análise; tem, portanto, uma função de simplificação, ao permitir a implementação de um processo de categorização social e ao fazer apelo a uma causalidade unidimensional; funciona com base no princípio da generalização – todo o grupo e cada um dos seus membros, indistintamente, levam as marcas estereotipadas que os estabelecem em uma singularidade. Na aparência dos conceitos descritos, o preconceito se dá de modo subjetivo por precocidade e ignorância.

Santos, I. (1999) entende que a predisposição negativa em relação ao indivíduo ou grupo rejeitado baseia-se em uma comparação que coloca a pessoa preconceituosa como referência positiva, violando, simultaneamente, três normas básicas: a da racionalidade, a da afeição humana e a da justiça. De acordo com Bento (2006), o estereótipo funciona como garantia e manutenção do *status quo.* Desse modo, quanto mais o estereótipo é reproduzido, mais se fomenta o preconceito, e esse caminho vicioso, mediante práticas preconceituosas, promovem uma sociedade preconceituosa e racista e formam pessoas racistas.

Nogueira (1985, p. 80) destaca:

> Onde o preconceito é de marca, como no Brasil, o limiar entre o tipo que se atribui ao grupo discriminador e o que se atribui ao grupo discriminado, é indefinido, variando subjetivamente, tanto em função das características de quem observa como de quem está sendo julgado, bem como ainda em função da atitude (relação de amizade, deferência, etc.) de quem observa em relação a quem está sendo identificado, estando, porém, a amplitude de julgamentos, em qualquer caso, limitada pela impressão de ridículo ou de absurdo que implicará uma insofismável discrepância entre a aparência de um indivíduo e a identificação que ele próprio faz de si ou que outros lhe atribuem.

Enquanto Guimarães, ao tratar do preconceito de raça e de cor no Brasil, traz um conceito social:

> A tipologia de Alport deixa claro que, para a psicologia social, o preconceito racial envolve atitudes, crenças e comportamentos. Trata-se de um conjunto de julgamentos negativos sem fundamentos reais a respeito de um grupo social, capaz de gerar um gradiente de intolerância crescente, cujas causas devem ser buscadas primariamente no indivíduo e no seu grupo (Guimarães, 2008, p. 49).

Essas predisposições, que definem o preconceito, quando exteriorizadas por quaisquer meios ou quando incitam ações que promovem desigualdades entre indivíduos ou grupos em razão de quaisquer fatores que os diferencie dos demais, ao serem postas em prática, violam direitos fundamentais e assumem a forma de discriminação. De modo que a discriminação é manifesta, implicando sempre em uma conduta (comissiva ou omissa). O discriminado é vítima de indivíduos ou de instituições, enquanto o preconceito surge sob a ótica do portador e somente é por esse cometido (Santos, 1999).

Quanto à discriminação racial, dois conceitos podem elucidá-la. Inicialmente, o expresso na Convenção Internacional sobre Eliminação de Todas as Formas de Discriminação Racial, adotada pela Resolução n.º 2/106-A da Assembleia Geral das Nações Unidas, em 21 de dezembro de 1965 e ratificada pelo Brasil em 27 de março de 1968, que determina:

> Artigo 1º – Para os fins da presente Convenção, a expressão "discriminação racial" significará toda distinção, exclusão, restrição ou preferência baseada em raça, cor, descendência ou origem nacional ou étnica que tenha por objeto ou resultado anular ou restringir o reconhecimento, gozo ou exercício em um mesmo plano (em igualdade de condição) de direitos humanos e liberdades fundamentais nos campos político, econômico, social, cultural ou em qualquer outro campo da vida pública (ONU, 1965, s/p.).

Seguido pela definição contida no Estatuto da Igualdade Racial, Lei n.º 12.288, de 20 de julho de 2010, em seu parágrafo único, inciso I:

> I – discriminação racial ou étnico-racial: toda distinção, exclusão, restrição ou preferência baseada em raça, cor ou origem nacional ou étnica que tenha por objeto anular ou restringir o reconhecimento, gozo ou exercício, em igualdade de condições, de

> direitos humanos e liberdades fundamentais nos campos político, econômico, social, cultural ou em qualquer outro campo da vida pública ou privada (Brasil, 2010d, p. 7).

Como se deduz dos enunciados anteriormente apresentados, a legislação pátria acolheu a definição dada pelas Nações Unidas com pequenas alterações, adotando as categorias (raça, cor, origem nacional, etnia) para delimitá-la e especificar os domínios (político, econômico, social, cultural, qualquer outro, público, privado) para ampliá-la. Por conseguinte, ao conceituar preconceito e discriminação, as expressões cor, etnia e raça vêm à tona, sendo inevitável contextualizá-las.

A partir da evolução das teorias genéticas, no século XX, a análise de patrimônios genéticos de grupos humanos substituiu as classificações de base racial. Sob esse prisma, cor da pele é resultado de herança quantitativa genética e corresponde a uma parcela insignificante do patrimônio genético, não sendo, portanto, suficiente para estabelecer uma classificação significativa das populações por raça (D'Adesky, 2002).

Por sua vez, o conceito de etnia não se confunde com o conceito de raça. Nesse sentido, Munanga (2003, s/p.) esclarece que, enquanto o conteúdo da raça é morfobiológico, o da etnia é sociocultural, histórico e psicológico. E assim define etnia:

> É um conjunto de indivíduos que, histórica ou mitologicamente, têm um ancestral comum; têm uma língua em comum, uma mesma religião ou cosmovisão; uma mesma cultura e moram geograficamente num mesmo território. Algumas etnias constituíram sozinhas nações. Assim o caso de várias sociedades indígenas brasileiras, africanas, asiáticas, australianas, etc. que são ou foram etnias nações.

Tratando-se do conceito de raça, a literatura comporta tanto o estudo científico das teorias raciais como o entendimento histórico da dinâmica da questão racial (Schwarcz, 1993; Guimarães, 1999, 2002). Para fins desse estudo, adota-se o conceito de Guimarães

(1999, 2002), que parte de duas constatações: a primeira é que raça biológica não existe, já que não há critérios científicos para tal classificação; e a segunda é que raça tem realidade plena no mundo social. Diante disso, para o autor, raça abriga duas categorias, uma política, que serve para organizar a resistência ao racimo no Brasil, e outra analítica, que revela que as discriminações e desigualdades em relação à questão de "cor" são raciais e não de "classe".

No mesmo passo, as Diretrizes Curriculares Nacionais para a Educação das Relações Étnico-Raciais e para o Ensino de História e Cultura Afro-Brasileira, assim expressam o entendimento sobre o termo raça:

> Cabe esclarecer que o termo raça é utilizado com freqüência nas relações sociais brasileiras, para informar como determinadas características físicas, como cor de pele, tipo de cabelo, entre outras, influenciam, interferem e até mesmo determinam o destino e o lugar social dos sujeitos no interior da sociedade brasileira. Contudo, o termo foi ressignificado pelo Movimento Negro que, em várias situações, o utiliza com um sentido político e de valorização do legado deixado pelos africanos (Brasil, 2004).

Como se verifica, raça, cor e etnia, muitas vezes, guardam certa similaridade, conforme o contexto histórico. Segundo Munanga (2003), uma parcela de pesquisadores emprega o conceito de etnia por considerá-lo mais correto "politicamente", contudo, alerta que a troca ética em nada supera o racismo. Esse permanece inato, operando por processos de exclusão e dominação independente do termo adotado, seja raça, etnia, diferença cultural ou identidade cultural.

Aliado aos conceitos de preconceito e discriminação raciais, o racismo se destaca dentro da temática, dada as diversas discussões que perpassam pelo tema quando tratado no Brasil – presença e manifestações. Esta obra não intenciona retomar as teorias raciais e os estudos realizados sobre o racismo no Brasil, entretanto, vale alguns destaques para melhor compreensão do conceito.

Guimarães (2008) afirma que o racismo surge no Brasil, inicialmente, como doutrina científica, à beira do fim da escravidão, quando se preconizava a igualdade política e formal entre a população brasileira, para em seguida dizer que o racismo também foi a maneira pela qual as elites reagiram às desigualdades regionais crescentes, entre o Norte e o Sul do país. Já, Santos, J. (1994, p. 115), analisando razões que concebem a permanência do racismo e do preconceito como resíduos da escravidão, combate-as, veementemente, dizendo: "o racismo está presente, porque existem as estruturas que ao mesmo tempo são o seu suporte e o seu resultado, e que permitem a vigência e pleno funcionamento dos mecanismos que o reproduzem na sociedade."

Sales Jr. (2009, p. 52) demonstra que o racismo brasileiro possui característica fragmentária e descontínua, devido ao funcionamento da cordialidade das relações raciais e da estabilidade da hierarquia racial ligado a ela. O racismo cordial se mantém em razão desse equilíbrio, assumindo formas mais ostensivas somente quando essa hierarquia é ameaçada. E adiante, continua o mesmo autor: "a cordialidade é como uma tolerância com reservas, associada ao clientelismo e patrimonialismo nas relações sociais, reproduzindo relações de dependência e paternalismo" (2009, p. 230).

Gilberto Freyre (1944) exaltava o bom convívio entre as "raças" pelo cruzamento inter-racial ditando relações relativamente harmoniosas e anunciava a "democracia social e étnica" no país, consolidando-se como uma das teorias raciais do século passado, conhecida como democracia racial. O cadinho brasileiro atraía olhares externos interessados em compreender tão prestigioso e bem-sucedido modelo "democrático". Florestan Fernandes (1965, 1972), principalmente, e outros sociólogos da Escola Paulista insurgem-se contra essas ideias de democracia, trazendo formulações que denunciavam a desigualdade racial na sociedade brasileira e revelavam o preconceito de cor e a discriminação[8].

O racismo se caracteriza como um conjunto de crenças, que preconiza a hierarquização dos grupos humanos em função de sua

---

[8] Os conceitos aqui citados foram retirados dos estudos de Lima (2021).

cor, raça ou etnia, moldando a ideia de superioridade de uns grupos sobre os outros: justifica e corrobora seus desdobramentos, a discriminação e o preconceito raciais, por visões ou predisposições negativas face aos negros (Jaccound, 2008; Theodoro, 2008).

Essa hierarquização, hostilidade e menosprezo em relação a pessoas consideradas inferiores, se manifesta individualmente ou institucionalmente. Tanto os indivíduos como as instituições, ao praticarem atos discriminatórios contra indivíduos ou grupos, em razão de sua raça, cor ou etnia, são portadores do racismo e da violência que lhes são intrínsecos.

A violência racista contra o indivíduo pode ser física, variando de agressões a homicídios, e psíquica. Quanto a essa, Costa (1986) analisa seus elementos constitutivos e elenca algumas constatações: 1) a identidade do negro é destruída; 2) a violência racista é capaz de subtrair a vontade do negro de explorar suas potencialidades; 3) o pensamento negro é um pensamento sitiado, acuado e acossado pela dor da pressão racista. De modo que todo o desenvolvimento do indivíduo é comprometido em face da opressão racial a que é ou está submetido. Argumento ratificado por Bento (2009, p. 54), em estudos dedicados ao branqueamento, onde revela: "A militância negra tem destacado persistentemente as dificuldades de identificação racial como um elemento que denuncia uma baixa autoestima e dificulta a organização negra contra a discriminação racial".

As discriminações também operam nas instituições sociais. Conhecida como discriminação indireta ou racismo institucional "se manifesta em normas, práticas e comportamentos discriminatórios adotados no cotidiano de trabalho, os quais são resultantes da ignorância, da falta de atenção, do preconceito e dos estereótipos racistas", conceito fornecido por cartilha nomeada *Combate ao Racismo Institucional* (Brasil, 2007, s/p.). O manual ainda revela que o racismo institucional é o fracasso das instituições e organizações, ao colocarem pessoas de grupos raciais ou étnicos em posição desvantajosa no acesso a direitos gerados pelo Estado e por demais instituições e organizações.

É importante notar que as referidas instituições estão presentes na atividade humana, não somente no trabalho, mas nas áreas da saúde, educação, cultura, assistência social, de acesso à justiça, e outras. Nesse aspecto, reforça Hasenbalg (1992), o racismo está em todas as etapas do ciclo de vida do indivíduo negro ou mestiço no Brasil, está presente em tudo o que tem a ver com a produção simbólica da sociedade: família, escola, trabalho e outros. E, em todos esses espaços cotidianos, a violência institucional se apresenta de modo omisso, quando agentes não empreendem mecanismos para combater a reprodução de valores racistas, ou de modo comissivo, quando cometem atos discriminatórios contra os grupos.

Como dito, o racismo impacta a vida dos grupos discriminados, contudo o debate a respeito dos efeitos de sua atuação social não atinge somente negros na medida em que, no Brasil, brancos são beneficiários desse legado ideológico; ou seja, em uma sociedade, onde as discriminações estejam presentes, o debate em torno das relações raciais deve envolver não somente as minorias discriminadas, mas os indivíduos, grupos e instituições privilegiados que acabam dando visibilidade a um discurso racializado, ainda que de modo silencioso (Bento, 2009). Portanto, é no campo das relações raciais, que direitos humanos e educação são a seguir estudados.

Educação e direitos humanos

Sabe-se que a educação é um direito fundamental social e direito público subjetivo garantido pelo texto constitucional, isso significa dizer que a educação é uma prestação positiva do Estado, tendo como fundamento a melhoria das condições de vida, principalmente, em prol dos menos favorecidos. Historicamente, essa intervenção positiva do Estado surge do contínuo desenvolvimento social e econômico que cria novas necessidades para o indivíduo (Bobbio, 1992). Ainda segundo o mesmo autor, que classifica os direitos em quatro gerações, situando os direitos sociais na segunda geração. Direitos dessa geração estão em desenvolvimento contínuo, cujas demandas crescem quanto mais rápidas e profundas forem as transformações sociais.

Diferentemente dos direitos sociais, os chamados direitos individuais são limites à atuação do Estado, resguardando direitos considerados indispensáveis a cada pessoa humana. Assim, na redação constitucional do artigo 5.º, têm-se diversos exemplos: a inviolabilidade da intimidade, do domicílio, da correspondência e assim por diante. É importante salientar que também os direitos individuais elencados na Constituição Federal são considerados fundamentais, daí não haver qualquer contradição entre os direitos sociais e direitos individuais, sendo ambos complementares.

Assim, de acordo com esse raciocínio e o contexto histórico já referenciado, os direitos humanos são fruto de uma construção histórica de diversas categorias de direitos (à vida, à liberdade, à igualdade, à propriedade, à educação, dentre outras). Segundo afirmação de Bobbio (1992), o problema do nosso tempo, com relação aos direitos do homem, não é mais o de fundamentá-los, e sim o de protegê-los. É saber qual o modo mais seguro para garanti-los, para impedir que, apesar das solenes declarações, eles sejam continuamente violados.

Retomando os conteúdos obrigatórios pela Lei Federal n.º 10.639/2003 e os ordenamentos que a justificam, vale dizer que o alcance legal, no espaço escolar, bem como em outros espaços sociais, pressupõe os valores da democracia ao inserir em seus propósitos questões como igualdade, não-discriminação, repúdio ao racismo. Tais princípios são igualmente expressos no texto constitucional, de modo que qualquer norma legal que viole princípio constitucional ofende o sistema jurídico, cuja transgressão é muito mais séria que qualquer outra porque representa uma forma grave de ilegalidade ou inconstitucionalidade (Mello, 2000).

Logo, a legislação em questão traz em seu texto todos os pré-requisitos para ser recepcionada, já que não fere nem ofende nenhum princípio constitucional. Aliado à Constituição, o artigo da LDBEN, ao exigir a obrigatoriedade do ensino de história e cultura afro-brasileira e africana, concretiza via política pública educacional um instrumento capaz de dar resposta às demandas sociais exigidas, principalmente pelos movimentos sociais negros e pela sociedade civil. Contudo, conforme salientado em capítulo anterior, vale compreender o que impede que a educação escolar possa dar prosseguimento a essas questões, quando o antirracismo é um tema que diz respeito a todas e a todos.

No próximo título, a resenha de alguns estudos buscará responder a essas inquietações.

CONTEXTO EDUCACIONAL

Panorama das desigualdades raciais educacionais

Este bloco busca demonstrar pesquisas, realizadas no Brasil, voltadas às questões educacionais relacionadas à cor/raça, anteriores ou concomitantes à legislação em estudo. Para tanto, lança mão de algumas tabelas utilizadas por seus autores, assim como apresenta as conclusões a que esses chegaram.

Hasenbalg (1979) realiza estudos pioneiros em 1973 sobre desigualdades educacionais no país. Na tabela abaixo, o autor revela o caráter elitista do sistema educacional brasileiro entre as décadas de 1940-1950, baseando-se em censos demográficos:

Tabela 1 – Níveis de instrução completados pela população de 10 anos de idade e mais. Segundo a região e a raça, 1940 – 1950

	Sudoeste	Resto do Brasil	Brasil	Total
	Branca Não Branca	Branca Não Branca	Branca Não Branca	
1940				
Universitário	0,82 0,11	0,25 0,02	0,55 0,04	0,34
Secundário	2,75 0,55	0,79 0,11	1,82 0,19	1,24
Primário	10,99 6,68	3,04 0,97	7,24 2,04	5,38
Sem instrução primária	85,44 92,66	95,92 98,90	90,39 97,73	93,04
	100,00 100,00	100,00 100,00	100,00 100,00	100,00
1950				
Universitário	0,88 0,05	0,40 0,02	0,68 0,03	0,43
Secundário	5,31 0,79	2,49 0,26	4,10 0,35	2,70
Primário	26,15 13,64	11,76 3,97	19,98 5,73	14,74
Sem Instrução primária	67,66 85,52	85,35 95,75	75,24 93,89	82,13
	100,00 100,00	100,00 100,00	100,00 100,00	100,00

Fonte: Hasenbalg (1979, p. 184)

Em outra pesquisa, nomeada *Mobilidade social, desigualdade de oportunidades e raça,* avaliando dados de 1973, o mesmo autor investiga a relação entre a mobilidade social e a negritude:

Tabela 2 – Renda mensal média por nível de instrução, sexo, raça (Cruzeiros de 1973)

Nível de Instrução	Raça	Renda X	Desvio Padrão	N	t	Signif.
Homens						
Analfabeto	Brancos Não Brancos	777 246	1.212 145	75 37	2,64	0,05
Primário Incompleto	Brancos Não Brancos	766 278	1.151 169	78 24	2,04	0,05
Primário Completo	Brancos Não Brancos	1.033 674	976 371	100 16	1,44	-
Ginásio	Brancos Não Brancos	1.941 582	1.775 375	68 11	2,49	0,05
Colegial	Brancos Não Brancos	2.235 430	1.921 170	51 03	-	-
Universidade	Brancos Não Brancos	3.132 -	2.710 -	35 -	-	-
Mulheres						
Analfabeto	Brancos Não Brancos	485 235	698 197	39 20	1,54	-

Nível de Instrução	Raça	Renda X	Desvio Padrão	N	t	Signif.
Primário Incompleto	Brancos	371	353	26	0,28	-
	Não Brancos	260	205	11		
Primário Completo	Brancos	457	397	46	0,58	-
	Não Brancos	540	611	14		
Ginásio	Brancos	645	790	26	0,85	-
	Não Brancos	1.087	1.830	05		
Colegial	Brancos	841	720	21	-	-
	Não Brancos	1.709	-	01		
Universidade	Brancos	1.747	1.289	21	-	-
	Não Brancos	386	-	01		

Fonte: Hasenbalg (1979, p. 214)

O recorte apresentado diz respeito à renda mensal por nível de instrução, sexo e raça. Vale dizer que Hasenbalg (1979, p. 221) destacou várias peculiaridades nessa tabela, contudo, relatam-se as principais conclusões do estudo: "Devido aos efeitos de práticas discriminatórias sutis e de mecanismos racistas mais gerais, os não-brancos têm oportunidades educacionais mais limitadas que os brancos de mesma origem social". Assim, afirmando que as realizações educacionais entre não brancos são interpretadas em ganhos ocupacionais e de renda proporcionalmente menores que as dos brancos.

Dando continuidade às pesquisas sobre relações raciais brasileiras, Hasenbalg (1992a) desenvolve estudo intitulado *Raça e oportunidades educacionais no Brasil*. Naquela ocasião, o autor apresenta um inconformismo em relação às pesquisas até então realizadas pelas instituições nacionais que não levavam em conta a variável cor/raça, considerada pelo autor como crucial neste campo investigativo. Alguns dados podem ser observados em relação à escolaridade, na faixa etária de 7 a 14 anos, considerando a seguinte legenda: BR, brancos; PR, pretos e PA, pardos. Entre esses, destacam-se: a) elevado número de indivíduos sem instrução; b) o segmento branco apresenta uma proporção três vezes maior que o percentual de negros e de pardos e c) o quadro maior de desigualdade em relação a brancos, pretos e pardos se estabelece no nível superior.

Em relação a esse estudo, o autor conclui que "o quadro geral das realizações educacionais dos grupos de cor mostra que pretos e pardos estão expostos a um grau maior de atrito no seu trânsito escolar, o que faz com que iniciem a etapa de vida adulta com uma considerável desvantagem em termos de educação formal" (Hasenbalg, 1992a, p. 83). Conforme abaixo:

Tabela 3 – Anos de escolaridade completados pela população de 7 a 24 anos de idade segundo a cor – Brasil, 1982 (%)

Anos de Instrução	7 a 14 anos			15 a 19 anos			20 a 24 anos		
	BR	PR	PA	BR	PR	PA	BR	PR	PA
Sem instrução e menos de 1 ano	31,9	49,7	50,0	5,5	17,5	17,3	5,1	15,4	14,4
1 a 4 anos	55,2	46,1	44,9	31,8	45,8	4,7	27,2	37,0	37,1
5 a 7 anos	11,6	4,2	5,1	31,0	25,9	25,1	14,7	19,2	17,2
8 anos	0,3	-	-	12,7	5,9	6,2	10,7	9,7	8,7
9 a 11 anos	-	-	-	18,1	4,6	6,4	28,5	16,9	19,6
12 anos e mais	-	-	-	0,8	0,1	0,1	13,6	1,6	2,8
S/I	-	-	-	0,1	0,2	0,2	0,2	0,2	0,2
Total	100,00			100,00			100,00		

Fonte: Hasenbalg (1992a, p. 82)

Nessa perspectiva, Silva *et al.* (2009) fizeram importante análise, cujo recorte específico investiga os nascidos em 1988, sob a égide da Constituição de 1988. Em seus estudos, comparam a trajetória de cidadãos negros em relação aos brancos, verificando se todas as projeções em termos educacionais foram vencidas. Os autores chegaram às seguintes conclusões: 1) ainda que estudantes brancos apresentem defasagem, os números são significativamente melhores que para estudantes negros e 2) a distância entre grupos negros e brancos consolidou-se, para essa geração, de forma irreversível no ensino médio e no acesso ao ensino superior, indicando exclusão permanente de membros negros desta geração, conforme Tabela 4.

Tabela 4 – Geração nascida em 1987-1988 que estuda, por raça/cor e gênero, segundo nível/série, em 1998, 2202, 2005 e 2007

			1998	2002	2005	2007
Com 10 e 11 anos Com 14 e 15 anos			Com 17 e 18 anos	Com 19 e 20 anos		
4ª Série do Ensino Fundamental Regular	Branca	Homem	37,42	2,93	0,42	0,17
			36,85	3,45	0,52	0,19
		Mulher	38,02	2,42	0,32	0,14
	Negra	Homem	25,94	6,96	1,43	0,35
			23,93	8,3	1,77	0,42
		Mulher	28,09	5,55	1,06	0,28
8ª Série do Ensino Fundamental Regular	Branca	Homem	-	32,84	4,1	0,85
			-	30,24	4,52	1,12
		Mulher	-	35,37	3,66	0,6
	Negra	Homem	-	20,8	7,49	1,91
			-	18,26	7,88	2,03
		Mulher	-	23,44	7,07	1,78

			1998	2002	2005	2007
Com 10 e 11 anos Com 14 e 15 anos			Com 17 e 18 anos	Com 19 e 20 anos		
3ª Série do Ensino Médio Regular	Branca	Homem Mulher	-	0,29	24,64	5,43
			-	0,32	22,63	5,73
			-	0,26	26,7	5,13
	Negra	Homem Mulher	-	0,19	14,96	7,55
			-	0,18	12,74	7,38
			-	0,2	17,34	7,73
Superior	Branca	Homem Mulher	-	-	7,12	22,43
			-	-	5,98	18,37
			-	-	8,28	26,32
	Negra	Homem Mulher	-	-	1,75	7,02
			-	-	1,4	5,7
			-	-	2,12	8,43

Fonte: Silva *et al.* (2009, p. 71)

No que se refere à década entre 1993-2007, Silva *et al.* (2009), ao analisarem os dados de desigualdade racial em educação, apontam que os desníveis continuam expressivos, embora haja uma redução significativa no ensino fundamental, resultante de um impacto positivo das políticas públicas universais de acesso a essa etapa da educação básica. Entretanto, essa redução foi insuficiente para a eliminação de desigualdadess raciais e, nos níveis médio e superior, houve um aumento das desigualdades entre negros e brancos, conforme a Tabela 5:

Tabela 5 – Taxa de escolarização líquida por sexo, segundo cor/raça e nível/modalidade de ensino e educação – Brasil, 1993 a 2007

Cor/Raça e ciclo de ensino	Anos												
	1993	1995	1996	1997	1998	1999	2001	2002	2003	2004	2005	2006	2007
Branca													
Ensino Fund.	88,5	90,1	90,6	92,1	93,4	94,2	94,7	94,7	95	95,1	95,4	95,7	95,2
Ensino Méd.	27,5	32,1	33,8	38	40,7	44	49,6	52,4	54,9	56,2	56,6	58,7	58,7
Ensino Sup.	7,7	9,1	9,2	9,9	10,9	11,7	14,1	15,5	16,6	16,1	17,3	19,2	19,8
Negra													
Ensino Fund.	77,5	80,8	82,3	84,9	88,6	90,5	91,6	92,7	92,7	92,8	93,6	94,2	94,1
Ensino Méd.	10,2	11,9	13,4	14,8	18,6	21,2	24,4	28,2	31,9	33,6	35,6	37,4	39,4
Ensino Sup.	1,5	2	1,8	2	2	2,5	3,2	3,8	4,4	4,9	5,5	6,3	6,9

Fonte: Silva *et al.* (2009, p. 78)

Por último, diante dos dados apresentados e da leitura detalhada de pesquisas em relação à temática, inclusive em relação à proficiência raça/disciplina, Castro e Abramovay (2006) apresentam tabela com defasagem no mesmo estrato socioeconômico, podendo-se inferir que questões, subjacentes ou não, operam e afetam estudantes negros, interferindo no seu desempenho educacional.

Tabela 6 – Proporção (%) de alunos da 4ª do ensino fundamental com pontuação considerada "muito crítica" ou "crítica" nos testes de matemática, segundo raça e a classe econômica – Brasil, 2003

Classe econômica	Proporção de alunos com pontuação Considerada "muito crítica" ou "crítica".		Diferença da proporção de alunos Brancos e negros com pontuação considerada "muito crítica" ou "crítica".
	Brancos	Negros	
A	10,30	23,40	- 13,10
B	25,80	31,40	- 5,60
C	44,10	48,90	- 4,80
D	61,80	64,00	- 2,20
E	78,70	80,60	- 1,90

Fonte: Castro e Abramovay (2006, p. 122)

Nessa perspectiva, ações governamentais se tornam indispensáveis para criar alternativas para a promoção de igualdade racial na educação. No próximo item, procuro avaliar a lei em estudo como política pública educacional necessária à promoção da igualdade racial.

Políticas públicas educacionais

A Lei Federal n.º 10.639, acolhida formalmente, é resultado de política pública educacional, configurando-se como ação afirmativa na medida em que, ao invés de conceber políticas em que todos seriam beneficiários, o Estado passa a considerar fatores (raça, cor, sexo) em suas ações interventivas, não para prejudicar quem quer que seja, mas para evitar que discriminações terminem por perpetuar iniquidades sociais (Gomes, J., 2001).

Nesse ponto, afirma o citado autor que, diferentemente de leis de conteúdo proibitivo, as ações afirmativas têm natureza multifacetária, cujos mecanismos de inclusão objetivam a concretização da efetiva igualdade de oportunidades a que todos os seres humanos têm direito. E continua, além dessa meta, promover transformações de ordem cultural, pedagógica, psicológica, aptas a subtrair do imaginário coletivo a ideia de supremacia e de subordinação de uma raça em relação a outra.

Relacionando os objetivos anteriores com aqueles estabelecidos pela referida lei e as diretrizes que a sobrevieram, constata-se uma série de semelhanças, entre as quais se destacam: a) a superação da indiferença, injustiça e desqualificação com que negros, povos indígenas e também classes populares, são comumente tratados; b) a igualdade básica da pessoa humana como sujeito de direitos e c) o combate à privação e violação de direitos.

Nesse sentido, esse conjunto legal demarca um discurso voltado para interesses e demandas que proclamam a educação como promotora do desenvolvimento social e humano aliado à construção de um mundo justo, de um Brasil melhor.

Note-se que, para além dos citados documentos, a partir de 2003, o Estado brasileiro implementou a Secretaria Especial de Políticas Públicas de Promoção de Igualdade Racial (SEPPIR), o Plano Nacional de Educação em Direitos Humanos (PNEDH), o Plano Nacional de Promoção de Igualdade Racial (PLANPIR) e, em 2009, participou da Conferência de Revisão de Durban, reiterando o compromisso com a superação do racismo e da discriminação em âmbito global e mais recentemente, o Estatuto da Igualdade Racial, Lei n.º 12. 288, de 20 de julho de 2010.

O Distrito Federal, aliando-se às instruções governamentais, inova criando a Secretaria Especial da Promoção da Igualdade Racial[9], em 2 de setembro de 2011, no Governo Agnelo de Queiroz. Entre as atividades promovidas, a Secretaria, em 21 de março de

---

[9]   No entanto, a Secretaria de Estado de Justiça e Cidadania do Distrito Federal (SEJUS/DF), criada pelo Decreto n.º 27.591 de 01/01/2007, foi reestruturada em 2019, no Governo Ibaneis Rocha, e a Secretaria Especial da Promoção da Igualdade Racial passou a Subsecretaria de Direitos Humanos e Igualdade Racial (SUBDHIR), incorporada a esse órgão.

2012, firmou acordo com as demais secretarias do DF no intuito de estabelecer parcerias para a criação de mecanismos para a promoção da igualdade racial. Nesse contexto de busca de alternativas para superar as tensões existentes, marcadas pela presença de injustiças raciais, educar para as relações étnico-raciais se insere na agenda do governo brasileiro. Entre outros propósitos, com o intuito de induzir uma política antirracista que promova a superação de desigualdades no país, já que as diferenças entre brancos e negros, no Brasil, continuam acentuadas, pautadas pelo racismo, demonstram que uma convivência igualitária jamais existiu. Ao contrário, produziu oportunidades desiguais.

As negras brasileiras e os negros brasileiros, em sua maioria, estão excluídos da cena nacional, vivendo em piores condições de moradia, condições precárias de assistência médico-sanitária, de condições de trabalho, de escolarização, e ainda, apresentam elevadas taxas de mortalidade infantil, juvenil e entre gestantes.

Pesquisas realizadas em 2008 pelo Instituto Brasileiro de Geografia e Pesquisa (IBGE) e em 2011 pelo Instituto de Pesquisa Econômica Aplicada (IPEA) confirmam o referido quadro de desigualdade racial nacional (Brasil, 2008; 2011). Em 2019, O IBGE, no informativo "Desigualdades sociais por cor ou raça no Brasil" destaca:

> Uma série de indicadores educacionais da população preta ou parda apresentou trajetória de melhora entre 2016 e 2018, tanto como resultado da escolaridade acumulada ao longo das gerações, quanto em decorrência de políticas públicas de correção de fluxo escolar e ampliação do acesso à educação promovidas desde os anos 1990. No entanto, a desvantagem da população preta ou parda em relação à população branca continuou evidente (IBGE, 2019).

Abdi e Schutz (2008), em artigo sobre racismo e cidadania inclusiva, advertem sobre a relação entre a permanência do racismo e grupos que se beneficiam com sua prática; e denunciam políticas que, ao invés de neutralizar o racismo, acabam contribuindo para a sua permanência. Ainda indicam ações com intuito de romper com a lógica do racismo: mudança do opressor, libertação do oprimido e educação para a cidadania e direitos humanos.

Na perspectiva da lei em estudo, a superação do racismo se dá via educação, ao reconhecer as várias possibilidades de construção de práticas e abordagens antirracistas, principalmente em sala de aula, espaço privilegiado no cotidiano escolar. Nesse sentido, orienta o Plano Nacional de Educação em Direitos Humanos (PNEDH):

> Nas sociedades contemporâneas, a escola é local de estruturação de concepções de mundo e de consciência social, de circulação e de consolidação de valores, de promoção da diversidade cultural, da formação para a cidadania, de constituição de sujeitos sociais de desenvolvimento de práticas pedagógicas (Brasil, 2009).

Contudo, não se trata apenas de a professora e o professor terem conhecimento da existência e exigência do conteúdo legal, ou melhor, da obrigatoriedade da inserção das discussões voltadas para as relações étnico-raciais nos espaços escolares. Há necessidade da compreensão da temática trazida pela lei que entra pela porta da frente porque é uma alteração da LDBEN, no dizer de Nilma Gomes em entrevista à Revista Nação Escola (Passos, 2010). Do ponto de vista histórico, da história da educação do povo negro no Brasil, isso é significativo. Docentes, ao reconhecerem essa responsabilidade social, se comprometem.

Freire (1996) pontua que a presença docente na sala e na escola é política revelada às alunas e aos alunos quando anuncia os modos de analisar, de comparar, de avaliar, de decidir, de optar, de romper, portanto, atuante, não alheia e compromissada. Esse compromisso, no que tange a executar uma prática pedagógica em prol das relações étnico-raciais, envolve uma postura não omissa, ou seja, capaz de interferir em valores, posturas, estigmas e julgamentos excludentes presentes no interior da escola.

Cavalleiro (2001) reforça que as questões raciais, no cotidiano escolar, nem sempre são consideradas relevantes no fazer profissional, pois nem sempre o professorado está consciente de que a manutenção de preconceitos seja um problema. Com efeito, é de fundamental importância que educadores reflitam sobre como podem auxiliar na formação de alunas e alunos orgulhosos de seu pertencimento étnico-racial. Como observa Bento (2006), o que podemos perceber é que negras e negros convivendo, numa sociedade que os discrimina e os associa a uma imagem negativa, internalizam uma imagem ruim sobre seu povo e sobre si mesmos. Ao se sentirem inferiores, na visão da autora, reproduzem um dos efeitos mais perversos do racismo: a perda da autoconfiança.

A Lei Federal n.º 10.639/2003, ao atender às reivindicações e aos anseios dos movimentos negros e militantes, constitui-se em elemento essencial na promoção social para a recuperação da negra e do negro como agentes ativos do processo de formação da sociedade brasileira, cuja imagem, por séculos, foi deturpada e carregada de representações preconceituosas e racistas que se tem configurado nos conteúdos didáticos e no espaço da escola, tendo como sua mais grave consequência: a destruição histórica e social que determinado grupo fez de outro (Bento, 2006).

TENDÊNCIAS DAS PESQUISAS (2002-2011)

A partir da edição da Lei Federal n.º 10.639/2003, houve uma quantidade significativa de trabalhos de pesquisa, tanto em nível de mestrado como de doutorado. Algumas universidades se destacam por terem especificamente áreas dedicadas à pesquisa das relações étnico-raciais. Na mesma via, publicações começam a aparecer abordando tanto disciplinas relacionadas à referida lei (História da África, Literatura, Ensino religioso, Geografia, por exemplo) como estudos sobre gestores educacionais, didática das relações étnico-raciais, currículo, formação de professores, entre outros.

Com a finalidade de revisar os métodos utilizados, no período de 2002 a 2011, foram analisadas dissertações de mestrado das seguintes universidades: oito da Universidade de Brasília (UnB), quatro da Universidade Federal do Paraná (UFPR) e quatro da Universidade Federal de Minas Gerais (UFMG). Dentre essas, apenas uma, *Currículos e a questão racial nas práticas escolares* (Oliveira, 2002), foi apresentada em 2002, antes da implementação da lei. As demais foram defendidas nos seguintes anos: duas em 2006 (Rocha; Cunha); três em 2008 (Holanda; Sobanski; Valverde); quatro em 2009 (Barbosa; Nascimento S.; Oliveira C.; Silva); cinco em 2010 (Araújo; Costa Neto; Duarte; Nunes; Rodrigues) e uma em março de 2011 (Nascimento, A.).

Entre as dissertações pesquisadas, percebe-se a presença marcante da pesquisa qualitativa, salvo em *Sistema universal e sistema de cotas para negros na Universidade de Brasília: um estudo de desempenho* (Cunha, 2006). Nesta, o estudo quantitativo foi adotado.

Três pesquisadores, dois da UnB e um da UFMG, partiram da perspectiva teórica da Análise Crítica do Discurso (ACD). Pesquisadores de Brasília utilizaram a análise para estudar a linguagem dos entrevistados; enquanto a investigadora de Minas optou por utilizar a ACD para verificar como é o discurso da revista *Atrevida* em relação às adolescentes negras. Outro método que aparece por duas vezes na UnB é o documentário de interpretação desenvolvido por Ralf Bohnsack, cujas bases teóricas encontram-se ancoradas na Sociologia do Conhecimento de Karl Mannheim, no Interacionismo Simbólico, na Fenomenologia Social e na Etnometodologia (Bohnsack; Pfaff; Weller, 2010). Vale salientar que esses últimos citados utilizaram a técnica de grupos de discussão, questionário e entrevistas narrativas biográficas, justificando a escolha por conciliar a pesquisa qualitativa e quantitativa. Além desses, a hermenêutica da profundidade desenvolvida por Thompson foi utilizada em dois trabalhos da UFPR como subsídio teórico-metodológico.

Aliado às escolhas teóricas, nos modelos de pesquisa escolhidos, a pesquisa de campo lidera aparecendo em 80% dos trabalhos. Já a pesquisa bibliográfica aparece em apenas duas dissertações: *As adolescentes negras no discurso da revista Atrevida* (Oliveira, C., 2009) e *Relações raciais em livros didáticos de ensino religioso do ensino fundamental* (Nascimento, S., 2009). A pesquisa documental, por sua vez, aparece aliada à pesquisa bibliográfica no título *Políticas afirmativas e educação: a Lei 10639/03 no contexto das políticas educacionais no Brasil contemporâneo* (Rocha, 2006) e à pesquisa de campo em *Currículos e a questão racial nas práticas escolares* (Oliveira, V., 2002).

Em relação à pesquisa de campo, diversas são as modalidades encontradas: pesquisa etnográfica, estudo de caso, grupos de discussão, observação direta e observação participante. Da mesma forma, os instrumentos para coleta de dados também variam, tendo uma predileção por questionários e entrevistas semiestruturadas.

No conjunto, a pesquisa qualitativa obteve destaque. Fenômenos como racismo, relações raciais, culturalismo, multiculturalismo, identidade negra, entre outros abordados nas dissertações analisadas, exigem do pesquisador muito mais do que a mera captaçãc dos dados. Assim, a pesquisa qualitativa faz jus à complexa realidade do fenômeno. Aos dados colhidos soma-se a percepção do pesquisador que passa a privilegiar mais do que o aprofundamento por análise, o aprofundamento por familiaridade, convivência, comunicação (Demo, 2009).

Por fim, vale destacar as conclusões anotadas, conforme a semelhança da pesquisa: estratégias de discurso, juventude e escola, cotas universitárias e aplicação da Lei Federal n.º 10.639/2003.

Um grupo de pesquisadores cuidou de investigar as estratégicas ideológicas utilizadas em discursos referentes a negros e negras em livros didáticos e literatura infantil, em revistas e em documentos normativos. Tais pesquisas, independentemente da metodologia adotada, chegaram a conclusões semelhantes. Barbosa (2009), por exemplo, observou, em vários trechos normativos, a presença de discursos dicotômicos e, em razão disso, muitos desses suscetíveis a diferentes interpretações. Nascimento, S. (2009) demonstrou a presença de estratégias ideológicas no livro didático que, conforme o modelo adotado, ora ocultava a existência social do negro, ora o personagem branco era apresentado como representante da espécie; em um terceiro modelo, os livros didáticos apresentavam um caráter dúplice em relação ao discurso sobre personagens brancos e negros. Ainda sobre essas análises, Oliveira, C. (2009) argumenta que o discurso sobre a adolescente negra na revista *Atrevida* reflete as relações raciais no Brasil e, portanto, é complexo, ambíguo, de difícil articulação e insidioso. Nesse mesmo sentido, Araújo (2010) verificou também resultados ambíguos e divergentes, na literatura infantil. Em alguns momentos, o discurso discriminatório foi notório, em outros, houve avanços, observados pela prática de professoras brancas.

Em um segundo bloco de pesquisas, autores observaram jovens negras e negros, suas trajetórias de vida e sua inserção no espaço social e educacional e chegaram a interessantes conclusões. Oliveira, V. (2002) ainda assevera que o espaço da escola tem se apresentado como um campo de contestação e resistência, gerador de intolerância e violência, por meio de práticas de exclusão, em face de uma lógica uniformizadora e homogeneizante da escola, e da sociedade. Holanda (2008) constatou que as trajetórias familiares e escolares dos entrevistados refletem o contexto de desigualdades persistentes na sociedade brasileira, assevera ainda, o fomento de políticas públicas de ação afirmativa e de cotas como necessário e urgente. Sobanski (2008) evidenciou que a consciência histórica dos jovens estudantes, brasileiros ou portugueses, é elaborada pela interferência dos mestres, pois aqueles passam a reproduzir um conhecimento apreendido pela explicação desses. O pesquisador Silva (2009), que investigou o processo de rejuvenescimento da EJA, concluiu que a prática pedagógica deve voltar-se para o trato da diversidade, cuja responsabilidade é de professores.

Tratando-se ainda de jovens, Duarte (2010) averiguou a desvantagem de pretos em relação a brancos e também a influência de variáveis como cor, sexo, renda familiar, escolaridade da família e tipo de escola onde se estudou a educação básica na determinação do acesso do alunado aos cursos mais concorridos. Nascimento, A. (2011) compreende que as expressões artísticas e culturais ocorridas no espaço escolar devem ser valorizadas por educadores, principalmente pela gestão escolar.

No que se refere às pesquisas sobre cotas e políticas afirmativas, Cunha (2006) verificou que a política de cotas adotada pela universidade pode ser comprometida, caso estudantes cotistas não tenham continuado apoio pedagógico e financeiro no decorrer do curso. No mesmo sentido, Valverde (2008) examinou a necessidade de a UnB articular-se, por meio de ações sistemáticas e continuadas, com as escolas de ensino médio localizadas em regiões de baixa renda do Distrito Federal, para levar informações e esclarecimentos acerca do ingresso e permanência de jovens, principalmente sobre o sistema de cotas.

Em relação à Lei em estudo, Rocha (2006) concluiu que a Lei Federal n.º 10.639/03 pode configurar-se como um instrumento de luta para o questionamento das estruturas vigentes, pois incide sobre construções ideológicas de dominação. Costa Neto (2010) salientou que a teoria do branqueamento imposta a negros tornou-se senso comum, perpetua o racismo, e mantém gestores inertes, já que não há uma ação coercitiva. Rodrigues (2010) reforçou que no Distrito Federal, no tocante às relações raciais, gestoras e gestores educacionais não foram preparados e/ou formados para a gestão das relações raciais e por essa razão negam ou minimizam a existência de manifestações racistas nas escolas. Nunes (2010) percebeu que os discursos e as ações no âmbito político-administrativo do município de Belo Horizonte estão de acordo com as concepções das Diretrizes Nacionais e que a discussão sobre a temática da lei sensibiliza bibliotecários da rede municipal de maneiras diferentes.

Em síntese, de modos diversos, as pesquisas, ao incluírem em suas investigações estudos sobre questões relativas ao segmento negro, contribuem para o reconhecimento da diversidade e evidenciam uma preocupação em tratar as relações étnico-raciais sobre múltiplos enfoques, considerando aspectos importantes na construção da sociedade brasileira, particularmente, na educação.

O CAMINHO DA PESQUISA

O estudo em pauta situa-se na área de políticas públicas educacionais, com enfoque nas relações étnico-raciais, a fim de investigar como professoras e professores recepcionaram a Lei Federal n.º 10.639/2003 e quais práticas pedagógicas são adotadas pelo professorado a fim de garantir a implementação da referida lei, no ensino médio, desde a publicação legal.

A referida lei tem possibilitado o crescente debate sobre as questões étnico-raciais, inclusive, fomentado a pesquisa em diversos setores que envolvem a educação, por exemplo: administração e gestão escolar, formação de professores, currículo e material didático. Por isso, esta pesquisa aparece como opção a fim de preencher essas lacunas, particularmente, nos quesitos importância e aplicação da legislação.

De modo que para compreender como professoras e professores recepcionaram e aplicam a Lei Federal n.º 10.639/2003, no ensino médio, desde a publicação legal, no cotidiano escolar, elegeu-se a pesquisa qualiquantitativa. Martins (2008) afirma que, geralmente, as pesquisas comportam tanto uma avaliação quantitativa quanto qualitativa, dependendo das características e natureza do objeto investigado que pode ser mensurável ou medido, no primeiro caso; e descrito, compreendido ou explicado, no segundo caso.

De modo que para o entendimento do problema em exame, a aplicação dos dois métodos adequou-se à natureza do estudo. Minayo (2008, p. 63), analisando as relações entre os métodos quantitativos e qualitativos, revela que não se trata de escolha subjetiva do investigador, tem a ver com o objeto tratado:

> [...] com o entendimento de que nos fenômenos sociais há possibilidade de se analisarem regularidades, frequências, mas também relações, histórias, representações, pontos de vista e lógica interna dos sujeitos em ação.

Aliado a isso, estudar o cotidiano escolar, requer conhecer essa realidade, segundo André (2006), em três dimensões, pelo menos, que se inter-relacionam. Aborda-se esse estudo reflexivo da autora a partir do caso concreto que é verificar o fazer do professorado em relação ao dispositivo legal em questão.

A primeira dimensão diz respeito ao clima institucional, ou seja, a mediação entre o que ocorre dentro e fora da escola, "[...] entre a práxis social e o que o que ocorre no interior da escola" (André, p. 40). A lei em questão, oriunda de política educacional estatal, vem de cima para baixo, impondo diretrizes curriculares, alterando a dinâmica escolar; ao mesmo tempo, os preconceitos raciais enraizados na sociedade, nas comunidades e famílias, são reproduzidos no cotidiano escolar. A escola é o resultado desse conjunto de forças sociais.

Em uma segunda dimensão, André (2006) aponta para o processo de interação na sala de aula, entre docentes e estudantes. Na pesquisa em estudo, investigar como e quais práticas pedagógicas a professora e o professor, que atuam no ensino médio, têm adotado nos termos da Lei n.º 10.639/2003 é também verificar qual a dimensão social legal, cuja prioridade é formar sujeitos ativos e críticos, optando pela negação de representações racistas.

E por fim, a autora refere-se à história de cada sujeito como sendo uma terceira dimensão. Nesse contexto, os sujeitos pesquisados, professoras e professores, no que tange a pensar em uma prática pedagógica em prol das relações étnico-raciais, envolve verificar qual a postura deles, como se manifestam e concretizam suas ações no interior da escola. Em suma, esse olhar para o cotidiano da escola a partir das três dimensões sugeridas é fundamental para compreender a realidade de forma crítica e reflexiva.

No primeiro momento investigativo, algumas perguntas instigavam a pesquisa: como professoras e professores do ensino médio recepcionaram a Lei Federal n.º 10.639/2003, que torna obrigatório o ensino de História e Cultura da Afro-Brasileira? Qual a importância dada pelo corpo docente à temática das relações raciais? Quais as práticas pedagógicas desenvolvidas pelo professorado para a adaptação do conteúdo legal que transmita à juventude um entendimento sólido sobre racismo e seus desdobramentos? O conjunto desses questionamentos deu origem ao problema que foi formulado cumprindo três funções essenciais: delimitação, clareza e precisão, conforme ensina Gil (2010). Acrescente-se a essas a relevância, que se deu a partir da verificação de um quadro de reprodução de problemas, como a discriminação e o preconceito raciais e o racismo que afetam a sociedade brasileira, causando sérios danos à sociedade, principalmente à juventude.

A pesquisa de campo teve como sujeitos professoras e professores da rede pública do Distrito Federal, mais particularmente atuantes no ensino médio, a fim de verificar os procedimentos que têm sido adotados por esses profissionais para a adequação da lei em estudo, a partir de 2003, de acordo com as estratégias de investigação esclarecidas a seguir.

Segundo a LDBEN (Brasil, 2010a), o ensino médio tem progressiva extensão de obrigatoriedade e gratuidade. Optou-se por CEMs, pois, nestas, há maior quantitativo docente exclusivamente com turmas de ensino médio e, também, maior probabilidade de turmas juvenis, ou seja, com alunas e alunos que concluíram o ensino fundamental na idade regular. Nesse caso, uma amostragem não probabilística foi utilizada, por apresentar vantagem em relação ao custo e ao tempo despendido (Gil, 2010).

No Distrito Federal, as escolas estão organizadas por Coordenações Regionais de Ensino (CRE), e essas estão localizadas de acordo com a região administrativa a que pertencem. A seleção considerou, de acordo com os dados da Codeplan, elegeu-se uma região com maior percentual de jovens negras e negros matriculados no ensino médio, uma região que representasse um percentual médio de jovens e uma terceira com o menor percentual. De modo que o método adotado sugeriu as escolas eleitas, nas quais foram aplicados os instrumentos de coleta da pesquisa qualiquantitativa, composta por entrevistas semiestruturadas e questionários. Os questionários dirigidos às professoras e aos professores pretenderam verificar como recepcionaram e aplicam a lei em estudo. O questionário aplicado continha 47 perguntas, dividido em dois blocos. O primeiro diz respeito ao perfil do respondente, com oito questões. Já o segundo bloco foi dividido em quatro categorias: conhecimento, importância, aplicação e observação, que buscou compreender as questões raciais no cotidiano escolar sob a ótica do professorado.

Os questionários, com o propósito de realizar um trabalho articulado na área da pesquisa de campo, foram aplicados a 63 docentes em exercício. Quanto às entrevistas foram individuais ou em grupo, sendo um número de quatro informantes por escola. Na pesquisa em questão, assuntos como obrigação de inserção de conteúdo legal, racismo, alunas negras e alunos negros, entre outros, foram necessariamente abordados, exigindo atenção redobrada na elaboração, na observação e na condução da entrevista, da transcrição, e, consequentemente, na análise. Neste sentido, ao demonstrar algumas características na pesquisa educacional, Gatti (2007) enfatiza que pesquisar em educação significa trabalhar com algo relativo a seres humanos ou com eles mesmos, em seu próprio processo de vida.

Mesmo em uma viagem bem planejada, alguns desvios podem ocorrer. Muitas vezes não se conta com imprevistos, mas diante do seu inevitável acontecimento, devemos nos posicionar, estabelecer novas rotas e reformular o trajeto. Em pesquisa, principalmente em pesquisas sociais, o investigador também deve estar pronto para eventuais desvios. Ao buscar compreender o mundo pesquisado, entra no universo do outro. Em pleno exercício de alteridade, estabelece a cena discursiva para conhecer o outro, mesmo quando precise modificar roteiros, o pesquisador deve ser o condutor, estar lá e por aquilo, pois está armado de interesse, curiosidade e, principalmente, bem-preparado.

Bauman (2005), ao fazer considerações sobre a modernidade, usa as metáforas do turista e do peregrino e afirma que o turista viaja por diversão, não dando atenção à situação social do local que visita e muito menos às pessoas que lá estão apenas para servi-lo. Raramente traz de volta uma experiência de vida, pouco importa o caminho, ele quer conhecer partes, em tempos corretos, e nada pode dar errado. Já o peregrino viaja porque busca e quer alguma coisa, uma identidade, traz da sua viagem uma experiência, a ida e a volta são lentas e importantes, o caminhar tem seu valor. O peregrino não busca o prazer, mas a alegria; enquanto o turista espera, o peregrino quer.

Em pesquisa, também é importante que o pesquisador tenha uma atitude peregrina em sua trajetória investigativa, que traga uma experiência após sua viagem, que possa modificar caminhos, criar novas alternativas, caso necessário. Esse algo que o moveu a iniciar uma jornada que não seja apenas motivado por descoberta de novos lugares e de novas vivências, mas seja um trajeto atento ao percurso e à missão a ser vivenciada. No âmbito desta pesquisa, esse fazer peregrino foi um dos meus desafios, ao investigar temática de tamanha importância para a educação básica e ao querer contribuir na construção de uma escola cidadã.

O CAMPO INVESTIGATIVO: ESCOLAS E PARTICIPANTES

As escolas com categoria CEM do Distrito Federal, de acordo com o Regimento Escolar das Instituições Educacionais da Rede Pública de Ensino do Distrito Federal, são destinadas a "[...] oferecer o Ensino Médio e/ou o Ensino Médio Integrado à Educação Profissional e o 3º Segmento da Educação da Educação de Jovens e Adultos" (Distrito Federal, 2009a). Entenda-se que o terceiro segmento da EJA compreende o ensino médio. Para efeitos desta pesquisa, os CEMs ofertam ensino médio, chamado regular, e EJA.

Apesar desse pressuposto, cada CEM pesquisado possui características que lhe são peculiares, por isso particularizar--se-á a exposição a seguir. Nesse compasso, a descrição pretende esboçar o espaço escolar em que os docentes trabalham, considerando a estrutura escolar e demais dados coletados pela pesquisadora. Antes, porém, apresenta-se a Tabela 7 sobre esses estabelecimentos.

Tabela 7 – Informações sobre as escolas[10]

Escolas pesquisadas	Turnos: M: matutino V: vespertino	Número de turmas por turno	Número de professores/as por turno	Número geral de alunos matriculados nos turnos matutino e vespertino	Número de participantes pesquisados	
					R	E
CEM Assaí	M/V	24/18	26/22	1350	14	04
CEM Valença	M/V	31/25	33/32	2180	25	04
CEM Penedo	M/V	15/15	32/32	1823	24	04

Fonte: pesquisa de campo

Centro de Ensino Médio Assaí

O CEM A foi fictamente nomeado Centro de Ensino Médio Assaí. Essa escola está localizada em uma região administrativa com pequeno percentual de negros em relação às demais, contudo se destaca pelo elevado número de escolas dessa categoria e, portanto, um elevado número de matrículas e turmas por CRE (Distrito Federal, 2012a).

Esse Centro é o que tem a menor área construída, e quase não contém área verde, em razão disso, as atividades físicas são realizadas em um estabelecimento próximo. Ainda assim, possui biblioteca com um acervo de 20 mil exemplares, cozinha, cantina, auditório, laboratórios, banheiros, secretaria, sala de coordenação,

---

[10] Em todas as escolas, há turmas no noturno: no CEM A e CEM V, apenas no ensino regular; no CEM P, na modalidade da EJA. O turno noturno não foi investigado, em razão disso, não se computaram professores e alunos do noturno. Na Tabela 7, usou-se R para respondentes e E para entrevistados, conforme tenham participado de questionários e entrevistas, respectivamente.

direção, orientação pedagógica, informática, de apoio ao professorado. Comporta ainda um estacionamento relativamente grande em proporção ao espaço total.

O CEM Assaí é uma das escolas mais antigas do Distrito Federal. Destaca-se, ainda, a presença de um grêmio estudantil e de um site personalizado em uma página da internet. Atualmente, tem um quantitativo de 42 turmas, 1.350 estudantes matriculados e 48 docentes, conforme Tabela 7. Funciona nos três turnos exclusivamente com o ensino médio regular. Predomina o modelo jornada ampliada nos turnos matutino e vespertino.

Essa escola foi muito receptiva à minha chegada. Fui recebida pela professora Joana[11], que, após as devidas explicações, definiu quando e como os questionários poderiam ser aplicados, telefones foram trocados e a pesquisadora ficou de confirmar o retorno. As visitas foram realizadas por mais três vezes, apenas tendo aplicado o questionário em duas dessas visitas, pois em uma delas as professoras e os professores estavam impossibilitados de responder, devido a um evento conhecido como Olimpíadas de Matemática. Nesses momentos de encontro, eu me apresentava, explicava os objetivos da pesquisa, distribuía os questionários e aguardava fora do recinto, a pedido da coordenadora. Quando professoras e professores terminavam a reunião, entregavam-lhe o instrumento de coleta e ela agradecia-lhes. Quanto às entrevistas, conversou-se com a coordenadora para mediar esses encontros, eles foram previamente agendados e acertados com professoras e professores, de modo que o retorno foi realizado em dias diferentes de quarta-feira para dar continuidade à coleta de dados.

Centro de Ensino Médio Valença

O CEM V foi denominado Centro de Ensino Médio Valença. Essa escola está localizada em uma região administrativa com um número percentual médio de jovens negras e negros, variando entre 50% e 60%.

---

[11] Nome fictício.

O CEM Valença é uma escola considerada tradicional na região administrativa a que pertence, um estabelecimento com ampla área verde, proporcional à área construída. A escola tem portaria constantemente supervisionada, é toda gradeada, e onde não há grades, erguem-se grandes muros. Possui grafites em boa parte dela. Esses desenhos, ricos em símbolos juvenis, dão graça à estrutura, ao mesmo tempo em que revelam que aquele espaço é ocupado por uma maioria jovem. Das três escolas visitadas, o CEM Valença possui a maior área: cantina, uma pequena biblioteca, laboratórios, banheiros, duas salas de coordenação e duas à direção, sala de apoio ao professorado e de apoio a auxiliares (portaria, merenda e limpeza), dois auditórios e mais três alas térreas de salas de aula. As salas de aula são no estilo sala-ambiente, ou seja, cada ambiente sedia uma disciplina específica.

O CEM Valença apresenta 56 turmas nos turnos matutino e vespertino, 2.180 alunas e alunos matriculados e 65 docentes. Funciona nos três turnos exclusivamente com o ensino médio regular. Predomina o modelo de jornada ampliada nos turnos matutino e vespertino, cuja coordenação é realizada com todo o grupo docente na quarta-feira em horário inverso ao seu ingresso em sala de aula.

Inicialmente, os encontros foram marcados com um dos coordenadores, Pedro[12]. Nesse primeiro encontro quase não houve tempo para que os sujeitos da pesquisa respondessem ao questionário. A pesquisadora foi convidada a continuar na escola e ficar para a coordenação do grupo à tarde. Aproveitou para observar e recolher dados sobre o ambiente. Conheceu todo o espaço físico da escola e conversou com três professoras (da biblioteca e informática). Ficou sabendo de algumas dificuldades em relação ao sistema on-line da escola e à biblioteca adaptada, entre outras informações.

No período da tarde, a coordenação começou às 15 horas. Fui ao grupo e, imediatamente, entreguei os questionários. No decorrer

---

[12] Nome fictício.

da reunião, esses foram logo sendo devolvidos. A coordenação foi centrada na Lei do *bullying*, pois esta havia sido recém-publicada no Diário Oficial do Distrito Federal, Lei n.º 4.837, de 22 de maio de 2012. Todos os esforços dos dois coordenadores e do professorado estavam centrados em compreender os ditames legais sobre o combate ao *bullying* nos estabelecimentos da rede pública do Distrito Federal.

No segundo encontro ao CEM Valença, na quarta-feira, cheguei cedo, para resgatar a última vez, que havia atrasado. A apresentação foi realizada e participei da coordenação até certo momento. Depois, fui convocada a aguardar ao lado de fora, pois um assunto particular seria tratado. Esperei e, quando a reunião encerrou, recolhi os questionários entregues no início. Nesse mesmo dia, os coordenadores a convidaram para participar de uma roda de conversa sobre racismo. No dia combinado, retornei à escola para assistir ao evento. Não era um evento destinado a docentes, era dirigido a alunas e alunos previamente selecionados.

As entrevistas nessa escola foram realizadas em dia de coordenação por disciplina. A pesquisadora foi ao CEM Valença em um dia destinado à área de Ciências Humanas, contudo havia uma professora de Ciências Exatas, que estava antecipando o dia de coordenação. Assim, lá se encontravam dois professores e três professoras das seguintes disciplinas: Português, Inglês, Sociologia, Biologia e Filosofia. Após os informes, o coordenador pediu ao grupo presente que concedesse uma entrevista.

Centro de Ensino Médio Penedo

A região administrativa dessa escola tem elevado percentual de jovens negros e negras, ao mesmo tempo contém um percentual pequeno de turmas e matrículas por ensino médio por CRE. Este CEM é um grande estabelecimento de ensino médio, considerado referência cultural dessa região administrativa. A escola é térrea e possui três grandes blocos que contêm as salas de aula. As salas de aulas são apartadas do espaço administrativo. Há um corredor bastante largo entre esse e aquelas, separando-os por grades. Nesse corredor, havia exposição de trabalhos do alunado e um pequeno palco. O espaço administrativo é pequeno. Possui sala de coordenação, de apoio docente, de direção e de secretaria. Para o acesso ao interior da escola passa-se por três grades: uma sem supervisão, uma segunda supervisionada e uma terceira que dá acesso diretamente às salas de aula. Em razão dessa limitação espacial, eu fiquei na área restrita a professores e demais funcionários, sem penetrar no interior das salas de aula. Há também uma quadra poliesportiva, biblioteca e auditório. Na portaria, há constante vigilância, com a presença de um servidor e de um policial. Essa escola, como o CEM Valença, também possui grafites na parte exterior e no interior dela, pintados por alunos da escola.

O CEM Penedo apresenta os seguintes números: 30 turmas, no turno diurno, 1.823 alunas e alunos matriculados e 64 docentes. A escola funciona nos três turnos com turmas de ensino médio regular e turmas do terceiro segmento da EJA. No diurno, prevalece o modelo de jornada ampliada, cuja coordenação é realizada como nos demais centros às quartas-feiras com todo o grupo docente.

Nessa escola, não houve contato prévio, eu me dirigi ao estabelecimento em uma quarta-feira e busquei a direção. A diretora, imediatamente, chamou o coordenador Paulo[13], que me convidou para participar da reunião, que começaria em seguida. Paulo me apresentou ao grupo, passando as informações necessárias. O grupo reclamou um pouco em razão da pauta lotada com fechamento de diários e, consequentemente, encerramento do primeiro bimestre letivo, pós-movimento grevista. Depois do cumprimento da pauta, Paulo pediu-me que esperasse na biblioteca, pois o grupo iria tratar de um assunto sigiloso. As professoras e os professores, após responderem ao questionário, trouxeram-no para a pesquisadora na biblioteca. Nessa oportunidade, conversei com docentes sobre

---

[13] Nome fictício.

a pesquisa e sobre a escola. Nesse dia, fiquei no período da tarde e entreguei mais questionários. As professoras e os professores do vespertino também reclamaram do excesso de tarefas a serem cumpridas. Houve marcação com o coordenador Paulo para um retorno na próxima quarta-feira, ocasião em que distribuiria mais questionários e agendaria entrevistas.

Na semana seguinte retornei à escola e encontrei mais receptividade por parte do grupo docente. Agendei uma entrevista para fazer à noite, pois o professor a ser entrevistado trabalhava à noite também. As demais foram agendadas para sábado, pois o grupo selecionado ainda que em regime de reposição de aulas, estava com alguns horários livres para conversar.

Na totalidade, o questionário foi aplicado a 63 docentes. Esse número corresponde a 35% do total do professorado atuante nas escolas no período diurno, ou seja, 177 docentes, conforme tabela:

Tabela 8 – Números de professores (as) respondentes por escola

	Total de docentes	Respondentes	Percentual
CEM Penedo	64	24	38,1
CEM Assaí	48	14	22,2
CEM Valença	65	25	39,7
Total	177	63	100,0

Fonte: pesquisa de campo

No que se refere à idade, uma parcela significativa do grupo pesquisado (41,3%) tem entre 41 e 50 anos e, quanto ao sexo, a maioria (58,06%) pertence ao sexo feminino. Além disso, professoras e professores, quando perguntados sobre há quanto tempo são professores da SEDF, apenas uma parcela pequena respondeu que é professora ou professor há menos de um ano (Gráfico 1).

Gráfico 1 – Há quanto tempo você é professora ou professor da SEDF?

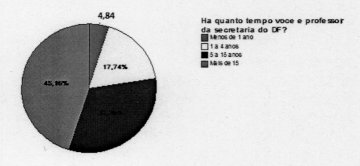

Fonte: pesquisa de campo

Nesse sentido, a lei em estudo foi publicada em 2003, logo, pelo menos 32,26% dos respondentes já se encontravam em exercício quando da sua publicação, ou seja, para essas professoras e professores os cursos de formação continuada são essenciais em face dos conteúdos programáticos exigidos pela legislação que obriga a sua aplicação no âmbito de todo o currículo escolar. Nesse sentido, as Diretrizes Curriculares Nacionais para a Educação das Relações Étnico-raciais e para o Ensino de História e Cultura Afro-Brasileira e Africana (Brasil, 2004, p. 23) determinam:

> Inclusão de discussão da questão racial como parte integrante da matriz curricular, tanto dos cursos de licenciatura para Educação Infantil, os anos iniciais e finais da Educação Fundamental, Educação Média, Educação de Jovens e Adultos, **como de processos de formação continuada de professores**, inclusive de docentes no Ensino Superior (grifo nosso).

No perfil em análise, verificou-se ainda que todas as áreas de conhecimento foram observadas já que na dimensão da matriz curricular, o ensino médio concentra conteúdos em três dessas: Linguagens, Códigos e suas Tecnologias (Língua Portuguesa, Língua Estrangeira Moderna, Arte e Educação Física); Ciências da Natureza, Matemática e suas Tecnologias (Física, Química, Biologia e Matemática); Ciências Humanas e suas Tecnologias (Geografia, História, Filosofia e Sociologia), e, de acordo com as Diretrizes Pedagógicas da SEDF, visa à maior ação interdisciplinar a fim de, entre elas, favorecer a construção de estruturas cognitivas responsáveis pelo desenvolvimento de competências e habilidades, conforme gráfico a seguir:

Gráfico 2 – Professoras e professores por disciplina ministrada

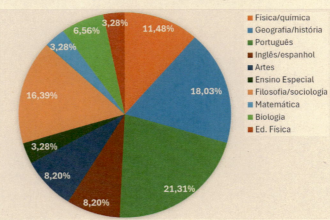

Fonte: pesquisa de campo

Em relação à questão da cor e raça, interessava saber como as professoras e os professores abordariam essa questão em relação a si mesmos, a partir de duas questões.

Tabela 9 – Em qual segmento de cor você se autodeclara?

	Frequência	Percentual
Branco	29	48,3
Não branco	31	51,7
Total	60	100,0

Fonte: pesquisa de campo

Assim, na questão três foi perguntado "Em qual segmento de cor você se autodeclara?", conforme Tabela 9, os resultados demonstram que mais de 50% dos respondentes se declaram não branco.

Tabela 10 – Em relação à sua cor/raça, você se declara:

	Frequência	Percentual
Negro	4	6,5
Preto	1	1,6
Pardo	22	35,5
Branco	28	45,2
Amarelo	1	1,6
Indígena	3	4,8
Outra	3	4,8
Total	62	100,0

Fonte: pesquisa de campo

A Tabela 10 demonstra que 35,5%, dos respondentes se declaram pardos quando perguntados na questão seis "Em relação à sua cor/raça, você se declara". Vale assinalar que para fins desse estudo, pardo e preto pertencem à mesma categoria, nesse sentido, refletindo sobre a cor negra nos censos brasileiros, advertem Piza e Rosemberg (2009, p. 109): "No Brasil, o significado deste termo passa diretamente pela visão de quem o utiliza, isto é, para se compreender as versões existentes do termo *negro*, necessitamos saber quem o emprega". Dito isso, vale salientar que o termo negro empregado na questão seis teve o propósito de observar como o grupo docente compreende a sua atribuição racial.

Para finalizar, perguntou-se às professoras e aos professores o que leem com frequência. Um percentual de 44,3% respondeu que exercitavam leituras obrigatórias para o trabalho, enquanto 27% liam livros alheios ao trabalho. O restante afirmou ler jornais e revistas (18%) e quadrinhos (8,2%), apenas um respondente afirmou que nada lê.

Esse indicativo de leitor/trabalhador, aliado à frequência, pode sinalizar docentes interessados em buscar conhecimento para enriquecerem a sua prática didática, e, principalmente, no caso em estudo, atuar com mais segurança e discernimento para abordarem as questões étnico-raciais em sala de aula.

Quanto ao perfil das entrevistas e dos entrevistados, sete eram do sexo feminino e cinco do masculino. Em relação à idade, houve uma pequena variação, mas a maior parte do grupo tem mais de 40 anos. Perguntados como se autodeclaram em relação à cor, três professores se declararam pardos, um negro e um branco, quatro professoras brancas, duas pardas e uma negra. Em relação ao tempo de Secretaria, a maioria tinha mais de dez anos de exercício em sala de aula, exceto duas professoras em regime de contrato temporário. Apenas três sempre trabalharam com estudantes do ensino médio. O restante já atuou no ensino fundamental e um professor também atuava na EJA, complementando carga horária.

Em relação ao turno trabalhado, três professores e quatro professoras atuavam no período vespertino, e um professor entre os citados completava carga no noturno. No matutino, três professoras e dois professores. Quando perguntados sobre por que escolheram a escola em que trabalham, oito ocupavam a vaga em razão de Concurso de Remanejamento promovido pela SEDF. Todos participaram do movimento grevista e estavam fazendo reposição de aulas aos sábados, exceto as professoras contratadas. E finalmente, em relação à disciplina ministrada, entrevistaram-se: dois professores de Geografia, um de História, um de Sociologia, dois de Matemática, uma professora de Língua Estrangeira Moderna – Inglês, uma de Biologia, duas de Língua Portuguesa, uma de Educação Física e uma de Filosofia. Para melhor visualização dos dados acima transcorridos, segue o Quadro 1:

Quadro 1 – Perfil das entrevistadas e dos entrevistados

Características ticas	Entrevistadas e entrevistados											
	1	2	3	4	5	6	7	8	9	10	11	12
Sexo	M	F	F	M	M	M	F	F	F	M	F	F
Idade	>50	>30	>40	>30	>50	>50	>40	>30	>40	>40	>50	>40
Cor	B	B	B	P	P	N	P	P	N	P	B	B
Tempo de SEDF / anos	10	12	20	15	26	29	20	5	12	18	22	9
Tempo no CEM	5	9	15	5	20	18	15	1	6	7	5	1
Turno	M	V	V	V	V	M	M	M	V	V	M	V
Disciplina	Hist	Fil	Bio	Geo	Geo	Mat	LP	EF	LEM	Soc	Mat	LP
CEM	P	V	V	P	P	A	P	A	V	V	A	A
Regime de trabalho[14]	JA	JA	JA	JA	20/20	JA	JA	CT	JA	JA	JA	CT

Fonte: pesquisa de campo

---

[14] JA – jornada ampliada; 20/20 – carga horária de 20 horas em um turno e 20 em outro; CT – contrato temporário.

Ao apresentar os relatos do grupo depoente, representados por números no quadro anterior, optei por identificar as falas com o nome de letras gregas, em respeito às pessoas envolvidas e à questão ética, protegendo-lhes a identidade. Assim, a partir do número um, teremos a seguinte correspondência: um – alfa; dois – beta; três – gama; quatro – delta; cinco – épsilon; seis – zeta; sete – eta; oito – teta; nove – iota; dez – kapa; 11– lâmbda e 12 – mu.

QUAIS QUESITOS PODEMOS CONSIDERAR COM A LEI BAOBÁ?

Neste nível de discussão, buscar-se-á, com base nos dados coletados nos questionários e nas entrevistas, responder a questões formuladas: como as professoras e os professores do ensino médio recepcionaram a Lei Federal n.º 10.639/2003, que torna obrigatório o ensino de História e Cultura da Afro-Brasileira e qual a importância dada pelo corpo docente à temática das relações raciais? Quais as práticas pedagógicas desenvolvidas pelas professoras e pelos professores para a adaptação do conteúdo legal que transmita à juventude um entendimento sólido sobre racismo e seus desdobramentos?

Tais indagações foram reestruturadas por temáticas: conhecimento, importância, aplicação e observação. Tais estruturas visam, a partir de elementos comuns, buscar respostas capazes de fornecerem ao pesquisador resultados férteis conforme assegura Bardin (2009, p. 148): "Um conjunto de categorias é produtivo se fornece resultados férteis: férteis em índices de inferências, em hipóteses novas e em dados exactos". Antes de tudo, vale reforçar que ouvir pessoas envolvidas no processo educacional podem indicar caminhos para análises, contudo as constatações são sugestivas não devendo ser, portanto, generalizadas, exceto naturalisticamente (Stake, 2007; Lüdke, 1988).

Conhecimento

Conhecimento para efeitos dessa categoria, inicialmente, diz respeito ao sentido mais usual: 1) notícia, informação, ciência; 2) prática de vida, experiência e 3) discernimento, critério, apreciação.

Segundo Bardin (2009), a escolha da categoria se assenta previamente em uma intenção. Aqui, o intuito foi investigar esse conhecer do professorado a respeito da lei em estudo. Sinalizou-se com duas questões bem diretas: a nona questão referia-se ao número da lei e a 12ª perguntava sobre a obrigatoriedade do conteúdo da referida lei, ou seja: ensino de História e Cultura Africana e Afro-Brasileira. Pelos dados coletados, tem-se que em relação às questões (ouviu falar, tal como formulado) cresce de 71,1% (número da lei) para 98,4%, (conteúdo), sendo que, no último caso, apenas um respondente informa que nunca ouviu falar sobre o conteúdo.

Esse percentual indica que a notícia, noção, sobre o conteúdo já é assimilado, conforme propôs um dos eixos fundamentais do Plano Nacional de Implementação das Diretrizes Curriculares Nacionais para a Educação das Relações Étnico-raciais e para o ensino de História e Cultura Afro-Brasileira e Africana, que recomendava, a curto prazo, o fortalecimento do marco legal, no âmbito de estados, municípios e Distrito Federal (Brasil, 2010b).

Além disso, a comparação entre as citadas questões sugere que o registro numérico em relação à referida lei não foi bem aprovado. Apenas para refletir quem sabe a que se refere a conhecida Lei n.º 11.340, de 7 de agosto de 2006, ou Lei Maria da Penha?

Em seguida, se constata que, oferecendo bases numéricas, o percentual elevado, em relação ao desconhecimento legal permanece (26,7%), conforme Tabela 11:

Tabela 11 – Você já conversou sobre o conteúdo da Lei nº 10.639/2003?

	Frequência	Percentual
Diretor(a) da sua escola	6	10,0
Professores(as) de sua escola	19	31,7
Alunos(as)	12	20,0
Familiares	5	8,3
Em fóruns de discussões	2	3,3
Nunca conversei	16	26,7
Total	60	100,0

Fonte: pesquisa de campo

Contudo, em termos de conhecimento, avançou-se mais na pesquisa. Interessava-me também saber de onde e como o professorado teve notícia sobre a legislação, conforme Tabela 12:

Tabela 12 – Onde você ouviu falar sobre a referida Lei?

	Frequência	Percentual
Nunca ouviu falar	12	20,0
Em casa	2	3,3
No trabalho	30	50,0
Nos meios de comunicação	13	21,7
Na casa de amigos	1	1,7
Estudando para concursos	1	1,6
UnB	1	1,6
Nunca ouviu falar	12	20,0
Total	63	100,0

Fonte: pesquisa de campo

Gráfico 3 – Quem já falou com você sobre a obrigatoriedade do ensino de História e Cultura Africana e Afro-Brasileira?

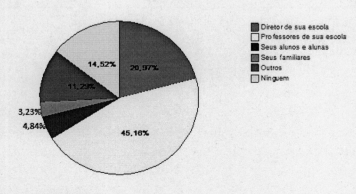

Fonte: pesquisa de campo

Um dado sobressai nessas tabelas: o local e as pessoas. No primeiro caso, a escola (50%) é o espaço onde essas falas ocorrem, aí, verbalizadas por seus sujeitos: gestores, coordenadores, professoras e professores. De modo que essa conversa, ainda que incipiente, reforça o quanto o grupo docente é importante nessa troca de informações. Perrenoud (2005, p. 29), ao questionar sobre o que a escola pode fazer, reflete que em estabelecimentos escolares é possível encontrar pessoas mais confiáveis para desenvolver a cidadania:

> Se os professores de hoje escolheram esse ofício em razão de uma afinidade com esses valores, é possível que se encontre em estabelecimentos escolares um pouco mais de partidários de direitos humanos e dos ideais humanitários do que em outros lugares.

Ainda nessa categoria, perguntei sobre o conhecimento em relação à aplicação em outra escola, pois se acredita que esse conhecer também reflete a observação que se faz sobre outras realidades, principalmente ao redor. E, quanto a essa, o percentual foi expressivo (72,1%), revelando que escolas têm executado ações relativas à temática, ao mesmo tempo em que dão visibilidade a essas ações.

Tabela 13 – Você conhece alguma escola da rede pública que aborde a temática de História e Cultura Africana e Afro-Brasileira?

	Frequência	Percentual
Sim	44	72,1
Não	17	27,9
Total	61	100,0

Fonte: pesquisa de campo

Esse conhecimento aqui abordado, primeiramente no sentido mais comum, adquire maior necessidade de investigação à medida que se aprofunda na pesquisa. Assim, outro significado mais elaborado, menos vulgar, aparece. Esse diz respeito às instituições. O conhecimento gerado pelo agente público não permite desvios ou desleixos. No caso do Distrito Federal, a SEDF é o órgão responsável, em conjunto com suas Subsecretarias e Coordenações Regionais de Ensino, ao lado do Conselho de Educação do Distrito Federal, como órgão consultivo e normativo de deliberação coletiva e de assessoramento superior para tratar de educação.

Logo, o conhecimento a ser publicitado por esses órgãos está além de noticiar ou exigir o estabelecido na lei. Deve, acima disso, fomentar políticas focadas que criem condições para transformar esse conhecimento vulgar em um conhecimento prático e apto ao fazer pedagógico. Vale informar que vários documentos locais enfatizam a obrigatoriedade do conteúdo de História e Cultura Afro-Brasileira, a saber: Diretrizes Pedagógicas do Distrito Federal (Distrito Federal, 2008); Resolução n.º 1/2009 (Conselho de Educação do Distrito Federal, 2009) e Currículo da Educação Básica – Ensino Médio, versão experimental (Distrito Federal, 2008).

Após essas considerações, demonstra-se qual a percepção docente sobre o conhecimento oriundo da SEDF. De acordo com tabela e gráfico a seguir, verifica-se que há uma intervenção imprecisa por parte do Estado. Os órgãos, como demonstrado, criam dispositivos legais recepcionando a lei, no entanto, sua prática na percepção docente não é satisfatória. Arroyo (2010), ao analisar o implemento do que denomina pedagogia multirracial, enfatiza que esse avanço lento, mas promissor, do Estado, exige políticas e intervenções de caráter compulsório, que criem condições estruturantes para a desconstrução do racismo.

Tabela 14 – Houve ou há alguma divulgação da Secretaria de Educação sobre a obrigatoriedade do ensino de História e Cultura Africana e Afro-Brasileira?

	Frequência	Percentual
Sim	39	65,0
Não	21	35,0
Total	60	100,0

Fonte: pesquisa de campo

Gráfico 4 – A Secretaria de Estado de Educação do DF orienta a professora e o professor como trabalhar com o conteúdo de História e Cultura Africana e Afro-Brasileira

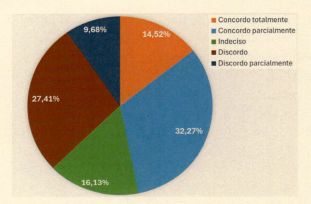

Fonte: pesquisa de campo

Por fim, ainda nesse item, inseriu-se a afirmativa: reconhecer a existência do problema racial na escola, e indagamos: é um problema ou não é um problema? Essa ação de reconhecer estabelece um modo diferenciado de conhecimento por parte do professorado. Não se trata de um saber superficial, é verificar, examinar, constatar, certificar-se; portanto, exige um olhar atento, experiente e experimentado. Contudo, no prisma das professoras e dos professores, ainda que a maioria tenha opinado por afirmar que não é um problema, uma parcela significativa declara que é um problema, conforme se pode conferir na tabela a seguir:

Tabela 15 – Reconhecer a existência do problema racial na escola

	Frequência	**Percentual**
É um problema	26	42,6
Não é um problema	35	57,4
Total	61	100,0

Fonte: pesquisa de campo

A par desses dados quantitativos, pode-se inferir, então, se há uma questão racial na escola e se esta é um problema, há uma tensão. Ao mesmo tempo, uma parcela significativa declara que esse reconhecimento não é problema, ou seja, essa tensão não está mais oculta ou silenciosa. Por sua vez, nesse espaço educacional, os atores estão cotidianamente juntos e separados: equipe de gestão, coordenação, professorado, alunado – em maioria – e demais equipes (analistas e auxiliares). Portanto, pergunta-se: se há uma tensão, qual a importância dada para o trato do problema e da dificuldade revelada? No próximo quesito, buscar-se-á responder a essa e a outras perguntas similares.

Importância

Neste item, reside compreender qual o valor, interesse, consideração, prestígio ou influência que a temática racial desperta em mestras e mestres. Diante desse desafio, propus um conjunto de proposições do tipo sim/não, tais como: 18) a importância de trabalhar com o ensino de História e Cultura Africana e Afro--Brasileira em sala de aula; 21) a importância de tratar o tema das relações raciais em sala de aula; 22) a importância de conversar com os alunos sobre racismo, discriminação e preconceito em relação aos negros e às negras e 25) a importância de receber cursos para falar sobre assuntos que tratem da História e Cultura Africana e Afro-Brasileira em sala de aula.

Nesse bloco, as três primeiras questões obtiveram exatamente o mesmo percentual: 93,7% do corpo docente responderam sim. Apenas havendo uma redução percentual para a importância de receber curso, cuja pergunta obteve sim dos 88,9% de respondentes. Esses percentuais indicam que há uma valorização positiva para a importância da temática. Em relação a esse crescimento, conforme aponta Arroyo (2010, p. 113):

> Há fatos novos no sistema que mostram que a diversidade étnico-racial chegou e se instalou nele como em seu legítimo território. A diversidade entra nos encontros de docentes, em congressos, colóquios

e conferências. Entra associada à formulação de políticas currículos e até da prátisca escolar mais cotidiana: "alfabetização-letramento e diversidade étnico-racial".

Na mesma via, conclui Gomes, N. (2010, p. 108): "É fato que a discussão sobre a questão racial em específico e da diversidade, de maneira geral ganhou um fôlego na sociedade brasileira do terceiro milênio".

Em seguida, verifico as seguintes declarações: 27) Não há relação entre o ensino de História e Cultura Africana e Afro-Brasileira e as discriminações no cotidiano; 26) Entendo que, ao abordar assuntos relacionados à cultura negra em minha sala de aula, valorizo a população negra positivamente; 34) O preconceito e a discriminação raciais são problemas sérios que devem ser encarados com urgência por toda a comunidade escolar e 38) Corrigir posturas, atitudes e palavras que impliquem discriminação racial é tarefa das professoras e dos professores. Nesse bloco, na questão 27, busquei sondar qual a compreensão em relação ao estudo da lei. Verifica-se pela Tabela 16 que 61,9% de respondentes tendem a discordar da afirmação, ou seja, compreendem a relação entre a obrigatoriedade do ensino trazido pela lei e as discriminações raciais presentes no cotidiano dos alunos.

Tabela 16 – Não há relação entre o ensino de História e Cultura Africana e Afro-Brasileira e as discriminações no cotidiano dos alunos

	Frequência	Percentual
Concordo	7	11,3
Concordo parcialmente	12	19,4
Indeciso	4	6,5
Discordo	36	58,1
Discordo parcialmente	3	4,8
Total	62	100,0

Fonte: pesquisa de campo

Na mesma via, 90,2% do professorado entendem que, ao abordarem assuntos relacionados à cultura negra, valorizam a população negra positivamente. Essa percepção do corpo docente aponta algumas constatações: a Lei Federal n.º 10.639/2003 não somente é conhecida pelas professoras e pelos professores, mas esses já lhe conferem certo valor no sentido positivo, ao sinalizarem o estreito vínculo entre abordagens referentes à temática negra e a influência dessas sobre discriminações e preconceitos raciais. Essa valorização, provavelmente não mensurável, mas anunciada, corresponde a uma expectativa antiga dos movimentos negros organizados, por meio de reivindicações históricas e ainda atuantes em prol da educação, mais especificamente para a população negra.

Na dimensão da importância, convoca-se para a discussão elementos que pautam a temática: preconceito e discriminação raciais, problema, urgência e comunidade escolar. Os resultados a seguir apontam que 91,8% do grupo respondente tende a concordar com a urgência dos problemas raciais e da necessidade de serem encarados por toda comunidade escolar. Contudo, quando confrontados, no Gráfico 5, há um decréscimo do percentual para 75,8%.

Tabela 17 – O preconceito e a discriminação raciais são problemas sérios que devem ser encarados com urgência por toda comunidade escolar

	Frequência	Percentual
Concordo	48	78,7
Concordo parcialmente	8	13,1
Indeciso	2	3,3
Discordo	2	3,3
Discordo parcialmente	1	1,6
Total	61	100,0

Fonte: pesquisa de campo

Gráfico 5 – Corrigir posturas, atitudes e palavras que impliquem discriminação racial é tarefa das professoras e dos professores?

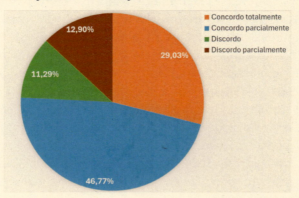

Fonte: pesquisa de campo

O que se percebeu, neste item, é que as professoras e os professores se mostram sensíveis quanto à importância da legislação em estudo, assim como o tema da Educação das relações étnico-raciais. Nesse sentido, vale lembrar o estabelecido pela Resolução n.º 1/2004/ CNE/CP

> Artigo 2. § 1º A Educação das Relações Étnico-Raciais tem por objetivo a divulgação e produção de conhecimentos, bem como de atitudes, posturas e valores que eduquem cidadãos quanto à pluralidade étnico-racial, tornando-os capazes de interagir e de negociar objetivos comuns que garantam, a todos, respeito aos direitos legais e valorização de identidade, na busca da consolidação da democracia brasileira (todos Brasil, 2004, p. 31).

Entretanto, a importância à temática revelada pelo corpo docente não é suficiente para impedir o racismo, preconceito e discriminações raciais no espaço escolar. De modo que a seguir coube verificar como os sujeitos da pesquisa aplicam a legislação e quais são as atividades desenvolvidas em seu cotidiano na promoção de uma educação antirracista.

Aplicação

Viu-se até agora que tanto informação como importância não são suficientes, embora necessárias, para alcançar as transformações pretendidas, ainda que haja sujeitos capazes de realizá-las e empenhados em fazê-las. Nesse sentido, cabe buscar o diálogo entre desejo e aplicabilidade. Contudo, ressalta-se que essa troca necessariamente passa pela questão formativa do docente. Sem dúvida, também um assunto que se tornou periódico em colóquios, congressos e afins. Inicialmente, não se tratará da necessária formação de professores para a lida dos temas raciais, mas, à luz das informações dadas pelos docentes sobre a aplicação da lei, buscou-se compreender o que obstaculiza essa prática.

Nessa investigação, perguntei às professoras e aos professores, sobre as fontes de pesquisas utilizadas para trabalhar o tema em estudo. O percentual de 30,2% apareceu como o mais elevado e incidia justamente sobre a seguinte resposta: não trabalho esse tema. Diante de estimativa tão elevada, e comparando-a com informações anteriores, levantaram-se algumas questões: a) Como o corpo docente que revelou tamanho interesse pela temática, sa[i]entando sua importância (93,7%), não trabalha esse tema? b) O que o impede de trabalhar algo que considera relevante, ou melhor, algo que afirma que gostaria de trabalhar (78,9%)? c) Por que não agir em face de identificada urgência em barrar o preconceito e a discriminação raciais na escola?

Gráfico 6 – Qual é a fonte de pesquisa que você utiliza para trabalhar este tema?

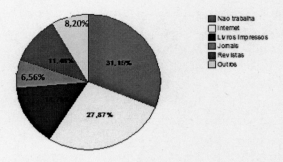

Fonte: pesquisa de campo

Essas contradições evidentes entre o desejo de fazer e o ato de fazer confirmam que acima do interesse pelas questões raciais, há um modelo estruturante radicado no setor educacional e demais setores da sociedade, que acolhe a ideologia do racismo, cuja moldura brasileira denuncia um olhar desviante em relação às questões raciais, como bem apontam vários autores (Nogueira, 1954; Fernandes, 1965; Hasenbalg, 1979, 1992; Bento, 2009; Arroyo, 2011). A percepção aponta um desconforto, que somente é um mal-estar, nada mais. Espera-se que em algum momento passe, ou, em outra hipótese, vai se administrando o problema. A aplicação da legislação de fato também sofre desse mal, entre a vontade de fazer e a incerteza de como, quando, o quê e, provavelmente, para quê, e, revelam ações que continuam a ser adiadas.

Esse convívio pacífico com o racismo ainda presente, e de difícil abordagem, está enraizado e é perceptível em muitas falas. Abaixo, há um desvio inicial em relação ao assunto, e posteriormente, um abrandamento: o racismo, embora, preocupante, é justificado pelo diversificado perfil racial do alunado:

> *Eu acho que a tendência da discriminação, cada vez mais, se fala em sala de aula até porque agora a gente tem outras questões que a gente... A questão hoje é o homossexualismo, o que é adolescência? No momento*

> *em que existem os comportamentos de homossexualismo é aí o grande choque. Essa semana, tivemos um aluno que tentou se suicidar, cortou os pulsos com gilete porque ele começou a perceber nele comportamentos homossexuais, então... Assim é claro que o racismo é preocupante, mas a diversidade em sala de aula é muito grande (Kapa).*

Essa dificuldade foi revelada em outro dado: 58,1% concordam ou concordam parcialmente que falar sobre assuntos como racismo, discriminação e preconceito raciais é um assunto difícil para profissionais de ensino. Bento (2009) traz interessantes apontamentos neste sentido: a) discutir o racismo, inúmeras vezes, significa falar sobre algo que não envolva as pessoas diretamente ou que é algo fora da instituição para a qual fazem parte e b) nem sempre os sujeitos envolvidos estão dispostos a aceitar que são beneficiários dessa opressão, se identificados como brancos; ou assumir que há uma condição de insucesso, de incompetência ou de inferioridade, que lhes são associadas, se pertencentes ao grupo discriminado. Dessas dificuldades díspares, surgem diferentes ações, por exemplo: dor, medo, culpa, agressividade, entre outras.

Evidencia-se, então, um conflito a ser superado por educadoras e educadores: a lida das questões raciais na escola exige não somente discutir os problemas sociais e as diferentes consequências que atingem os distintos segmentos raciais, mas revelar as vantagens e as desvantagens de pertencer a um determinado grupo racial (Cavalleiro, 2001). Essa inferência é, portanto, consequente e parte do fazer pedagógico em prol das relações raciais.

Apesar da dificuldade mencionada, a pesquisa revelou que modos de agir distintos em casos de preconceito e discriminação raciais entre alunos, conforme ocorressem na escola ou durante a aula, segundo se depreende dos gráficos a seguir:

Gráfico 7 – Interfiro quando presencio casos de preconceito e discriminação raciais entre alunos, na escola

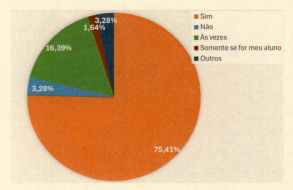

Fonte: pesquisa de campo

Gráfico 8 – Interfiro quando presencio casos de preconceito e discriminação raciais entre alunos, durante a aula

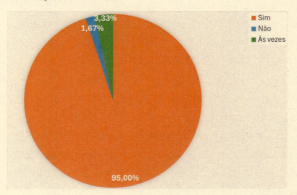

Fonte: pesquisa de campo

    Nos dois casos citados, a interferência das professoras e dos professores é positiva em relação a um fato: a presença de preconceito e discriminação raciais entre alunos. Contudo, o percentual assume distintos valores conforme tenham ocorrido em sala de aula (93,4%) ou na escola (75,4%). Essa diferença no registro pode sinalizar uma atuação mais presente e vigilante em sala de aula, mas, ao mesmo tempo, revela questão já abordada na literatura (Cavalleiro, 2001; Gomes N., 2011): a questão racial a ser tratada na escola não é tarefa restrita ao professorado, assim como não pode estar circunscrita à sala de aula. Para todos os efeitos, as práticas discriminatórias evidenciadas no espaço escolar exigem a interferência de todos os agentes educativos, de modo que não é tarefa exclusiva das professoras e dos professores que assumem uma atitude política em prol das questões raciais ou de interesse somente das negras e dos negros (Gomes N., 2011).

No conjunto de situações pedagógicas referentes à prática, consultou-se sobre qual a frequência com que as professoras e os professores fazem alguma reflexão sobre a temática étnico-racial com suas alunas e seus alunos. No enunciado, havia uma gradação para aferir essa constância (semana, mês, bimestre, semestre, ano), assim, obtive dois percentuais: 44,1% responderam todo ano, enquanto 13,6% responderam nunca. Mais uma vez, se detecta a disparidade entre as categorias conhecimento/importância, sempre com percentuais elevados, e a categoria aplicação. Esses dados foram reforçados por quem informou:

> Na escola a gente tem um momento pra gente trabalhar isso, é sempre no quarto bimestre. A gente trabalha sobre a consciência negra (Alfa).

> [...] tem lá semana do dia 16 ao dia 20, no calendário, mas trabalharemos este ano numa perspectiva a mais, [...] nós trabalhamos também questões inter-raciais: o negro, o índio, o caiçara, o afrodescendente, nessa perspectiva de que essa consciência negra seria dada dentro de uma perspectiva histórica relacional e; propondo essa alteridade, a questão da alteridade (Kapa).

Tais declarações reforçam que ainda é reduzida a participação da temática racial nos espaços escolares, e, além disso, continua restrita aos eventos relativos ao Dia Nacional da Consciência Negra, incluído no calendário escolar por força de lei. Verifica-se, ainda que muitos desses espaços cedidos à temática são supervalorizados, no sentido de que se trata de uma concessão, dando-lhes, na maioria das vezes, um caráter folclórico, superficial:

> *Aí, para todo conteúdo e aí foca naquele negócio ali e assim, por exemplo, a consciência negra... É engraçada porque todo ano a gente faz a beleza negra com... Todos os anos tem (Eta).*

> *Por isso que é importante a Semana da Consciência Negra porque é um outro olhar, uma outra experiência enquanto a gente tá acostumado a sempre fazer o concurso de beleza de aluna loira de olhos azuis é a bonita, nessa Semana da Consciência Negra quem é a beleza? É a negra. Então, nessa semana da consciência elas têm uma outra experiência de beleza (Beta).*

Outros depoimentos também deixam passar que, além de pouco educativas, as referidas propostas ainda dividem espaço com outros grupos discriminados:

> *[...] teve um ano que eu achei muito interessante... que tinha uma menina que tinha Síndrome de Down, lembra dela? Era uma gracinha e ela que abriu o desfile e aí terminou que foi assim a diversidade, espírito da diversidade. É muito lindo... (Gama).*

> *Ano passado a gente fez aqui a feira regional. Que a feira regional meio que aborda tudo isso aí. Que como não tem espaço na escola pra você trabalhar conteúdo e trabalhar essas peculiaridades. Aí, o que que acontece? O diretor ano passado fez essa experiência da feira regional. Ele queria englobar tudo, ia ter um espaço também da tribo indígena. Foi muito interessante, o quarto período do matutino (Alfa).*

Tais posturas convergem para visões diametralmente opostas às expectativas geradas pela Tabela 18, uma vez que uma parcela significativa de respondentes (60,7%) declara que não é um problema promover a igualdade, encorajando a participação de todos os alunos e todas as alunas.

Tabela 18 – Promover a igualdade, encorajando a participação de todos os alunos e todas as alunas

	Frequência	Percentual
É um problema	24	39,3
Não é um problema	37	60,7
Total	61	100,0

Fonte: pesquisa de campo

Nesse particular, refletir sobre o princípio constitucional da igualdade é antes de tudo, reconhecer seu caráter perene, não esporádico. No que tange à igualdade racial, também são vedadas as diferenciações, que são injustificáveis. Portanto, as práticas adotadas pelas educadoras e pelos educadores no intuito de encorajar a participação na promoção da igualdade não podem e não devem ficar restritas a uma participação festiva, desarticulada. Pensar nesse conjunto de práticas requer uma atitude política e pedagógica, que será refletida nas escolhas feitas pelos docentes (Freire, 1996).

Para Filice (2011, p. 68), cuja tese investigou a gestão da educação básica brasileira, particularmente no implemento da Lei Federal n.º 10.639/2003, a função da educação no que tange à propagação da história negra exige compreender a estrutura da sociedade brasileira: "Não há como se descuidar e tratar isoladamente raça, classe e educação, se o objetivo for a transformação das relações estabelecidas". Com base nessa reflexão, a mesma autora acrescenta que é imperioso também conhecer o que denominou "movimento cata-vento da história" para a compreensão da dinâmica das populações negras, particularmente da cultura africana e afro-brasileira, cujo processo construtivo resistiu e persistiu, apesar dos múltiplos artifícios operados em seu desfavor. Dito isso, ressalta-se que para a efetivação de um ensino escolar que valorize a história e cultura africana e afro-brasileira é necessário o entendimento do racismo à brasileira, que é regido por sua própria negação (Florestan, 1965, 1972; Gomes N., 2001).

O tratamento em relação a essas questões desafia o docente, pois, segundo Gomes, N. (2001), ao se construir uma política educacional que aborde a história e a situação do povo negro, é forçoso considerar o caráter ambíguo do racismo brasileiro, pois ele se mantém por mecanismos sutis, consciente ou inconscientemente, que regem o comportamento de nossa sociedade. A mesma autora expõe:

> O ideal da brancura tão incrustado em nossa história torna-se uma abstração e é retificado e colocado na condição de realidade autônoma independente. O padrão branco torna-se sinônimo de pureza, artística, nobreza estética, majestade moral sabedoria científica, a idéia da razão (Gomes N., 2001, p. 92).

Essa atribuição superior dada ao branco foi enfatizada por uma das entrevistadas:

> *Hoje em dia você vai no Ricardo Eletro e você compra uma chapinha a 19 reais, então isso vai proporcionar ao negro uma nova postura. Com 19 reais eu compro uma chapinha, se eu compro uma chapinha, eu vou bonita pra escola, então, a gente observa que agora, quer dizer, agora existe um novo visual **de nível** na sala, todas elas vêm de chapinha, todas (Beta. Grifo nosso).[15]*

Nessa visão, os cabelos das alunas negras são valorizados, pois agora existe para elas a possibilidade de transformarem seus cabelos segundo um padrão considerado ideal, "de nível": o padrão liso, portanto, um simulacro de brancura. Tal observação foi ratificada por outra professora:

> *A autoestima delas tá mil vezes melhor. Elas falam: _ Professora! Elas fazem questão de falar. Quando elas vêm de cabelinho amarradinho assim, elas falam: Pelo amor de Deus não me pergunte nada, não quero falar nada, eu tô feia hoje (Gama).*

O exemplo acima reforça a necessária e urgente interferência de educadores como promotores de mudança social no combate a

---

[15] Esse dado inspirou o meu livro: *Corpos negros, linguagens brancas: o mito da boa aparência* (Lima, 2021).

estereótipos raciais que projetam o ideário branco, fomentando a alienação, ao impor o ideal estético, a ponto de fazer a aluna emudecer em face da rejeição ao cabelo. Nesse sentido, adverte Gomes, N. (2002), que investigou os conflitos raciais vividos pela expressão do corpo e do cabelo na sociedade e na escola:

> O discurso pedagógico proferido sobre o negro, mesmo sem referir-se explicitamente ao corpo, aborda e expressa impressões e representações sobre esse corpo. O cabelo tem sido um dos principais símbolos utilizados nesse processo, pois desde a escravidão tem sido usado como um dos elementos definidores do lugar do sujeito dentro do sistema de classificação racial brasileiro. Essa situação não se restringe ao discurso. Ela impregna as práticas pedagógicas, as vivências escolares e socioculturais dos sujeitos negros e brancos. É um processo complexo, tenso e conflituoso, e pode possibilitar tanto a construção de experiências de discriminação racial quanto de superação do racismo (Gomes, N., 2002, p. 42).

Na prática pedagógica, conforme verificado, o efetivo emprego da lei em exame ainda é exíguo. Tal constatação motivou investigar, em um segundo momento, a formação de professores. Um percentual de 77,4% respondeu que concordam e 16,1% responderam que concordam parcialmente como o fato de que a Secretaria (SEDF) deveria oferecer cursos para orientar professores sobre assuntos como racismo, discriminação e preconceitos raciais, totalizando 93,5%, ou seja, um percentual elevado. Contudo, ao serem perguntados se a instituição coloca à disposição cursos para trabalhar o conteúdo referente às relações raciais, 54,1% do professorado responderam não sei, 9,8% responderam não e 36,1% responderam sim.

Esse rol de respostas confirma o já ponderado anteriormente: a responsabilidade do Estado para acionar mecanismos de divulgação (dar notícia, informação), mas, principalmente, criarem condições para inserir os conteúdos da Lei Federal n.º

10.639/2003, tornando-os obrigatórios em todos os estabelecimentos de ensino. Trata-se, pois, de responsabilidade civil objetiva
do Estado, dever legal, do qual não pode se eximir. Assim, há um
grupo representativo que não foi contemplado por esses cursos
(65,9%) que reflete a falta de responsabilidade de gestores públi-
cos na promoção de formação de educadores para a educação das
relações étnico-raciais.

Dando continuidade à investigação, busquei compreender
como professoras e professores observam as relações raciais no
cotidiano escolar.

Observação

As questões levantadas tinham o propósito inicialmente de
recolher dados que revelassem um cenário sobre as relações raciais
nas escolas. Com esse intuito, estabeleceram-se afirmativas sobre
o uso de termos preconceituosos em lugares distintos: na escola,
no local em que trabalho; e questão tipo sim/não sobre casos de
preconceito e discriminações raciais em sala de aula. Para marcar
a sala de aula docente, usou-se a expressão "na minha sala de aula".
A quantidade de respondentes que alegam a presença do uso de
termos preconceituosos nas escolas (75%) e nas escolas em que
trabalho (59%) e, sim, costumo observar em minha sala (48,3%)
mostram a força do preconceito racial no cotidiano escolar, aliado
à discriminação.

Interessante foi observar que há uma redução no percentual
quantitativo quanto mais o grupo respondente se distancia de sua
realidade. Pode-se aqui levantar uma hipótese para esse afastamento:
resistência em admitir a convivência próxima e pacífica com o
racismo. Professoras e professores entrevistados sobre a questão em
sua sala de aula responderam que não observam situações de racismo
em suas salas (70%) e, pelo menos dois afirmaram enfaticamente:
"*Não vi* [práticas de racismo na minha sala]... *pode até ser que tenha,
mas, se tem, não tomei conhecimento*" (Zeta) e "*Não há isso*" (Lâmbda).

Tais respostas revelam uma tentativa de amenizar ou neutralizar o assunto e, ao mesmo tempo, esquivar-se. Diante da insistência da entrevistadora sobre a questão, ouviu-se essa resposta: *"Não há racismo porque muitos são negros, então, eles se aceitam, são todos amigos"!* (Lâmbda).

Mais uma vez, destaca-se uma questão, já há algum tempo problematizada pela literatura que se ocupa das questões raciais na sociedade: o racismo é problema dos negros, estando entre eles, não haverá consequências. Nesse aspecto, Bento (2009, p. 43), salienta: "Para reduzir este desconforto, as pessoas podem convencer a si próprias de que racismo realmente não existe, ou se existe, é culpa de suas vítimas". Explica a autora com base nos estágios de propostos por Janet Helms, que descreveu o desenvolvimento de uma possível identidade racial branca não racista.

No estudo em questão, confrontei duas alternativas para observar a percepção docente. A primeira investiga a presença do racismo, da discriminação e do preconceito raciais no cotidiano escolar e a segunda indaga sobre a escola como um local privilegiado para promoção da igualdade e para eliminação de toda forma de discriminação racial. Observe o Gráfico 9 e Tabela 19 a seguir:

Gráfico 9 – O racismo, a discriminação e o preconceito raciais estão presentes no cotidiano escolar

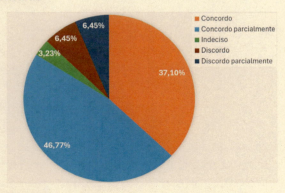

Fonte: pesquisa de campo

Tabela 19 – A escola é um local privilegiado para promoção da igualdade e para eliminação de toda forma de discriminação racial

	Frequência	Percentual
Concordo	34	55,7
Concordo parcialmente	24	39,3
Discordo	2	3,3
Discordo parcialmente	1	1,6
Total	61	100,0

Fonte: pesquisa de campo

Destaca-se dos dados anteriores concordância do professorado sobre a relevância do papel da escola. Contudo, as falas abaixo expressam insegurança, ao lidarem com as jovens e os jovens e as ocorrências em sala, e até mesmo falta de questionamento sobre como proceder nesses eventos, omissão e distanciamento:

> [...] Eu, pelo menos falo, por exemplo, quando presencio alguma coisa falo. Hoje em dia, [exemplificando] você fala, vira pro seu amigo e fala: Oh, negão, vamos sair esse final de semana? [refletindo...] Isso demonstra racismo, embora a gente coloque que é brincadeira, que é um ato carinhoso, mas atrás desse "vamos sair, negão" tá envolvido de racismo, a gente traz a discussão, vira e mexe, a gente vem sempre (Gama).

> Por exemplo, as meninas chamam: Neguinho, ei, neguinho, me empresta uma caneta...A gente presencia esse tipo de coisa na sala de aula, a gente fala, olha, tem a lei, [confuso] o quê que é racismo? (Beta).

> A gente mais fala sobre sexo, porque hoje em dia, isso é pior (Delta).

Também indagados sobre os casos mais frequentes de preconceito ou discriminação raciais observados, assim responderam as professoras e os professores: 21,7% afirmaram que não ocorrem, enquanto o restante assim identificou: ofensas pessoais (11,7%), apelidos (34%), piadas (20%), comentários (6,7%). Evidencia-se, portanto, um quadro de práticas discriminatórias na escola. Guimarães (2002), ao definir insultos raciais, argumenta que há sempre presente no insulto uma relação de poder, onde se constata algum tipo de legitimação (entre grupos sociais, entre indivíduos, no interior dos grupos ou legitimação e reprodução de uma ordem moral). E completa: "No caso de insultos raciais não-rituais, estamos lidando, fundamentalmente, com tentativas de legitimar uma hierarquia social baseada na ideia de raça" (Guimarães, 2002, p. 171).

De modo que, na escola, essas atitudes também demonstram uma forma de proceder que compreende o outro como racialmente inferior: apelidos, brincadeiras e comentários em relação aos negros e às negras, que se tornam sérios, segundo Bento (2006), já que a linguagem, consciente ou não, reproduz estereótipos e esses podem contribuir com o racismo.

Em razão das informações até agora elencadas, procurei saber quem eram os principais responsáveis pela permanência do racismo nas escolas. Interessante notar que a família (42,9%) aparece como a principal responsável pela existência e permanência do racismo nas escolas. Em segundo lugar, aparecem os amigos (37,5%) e, em terceiro, a internet (24,1%). Professores, gestores e livros didáticos aparecem com frequência insignificante.

Para Abramovay (2009), muitos profissionais (professoras e professores) responsabilizam as famílias dos alunos para explicar a ocorrência do racismo e, com isso, acabam criando empecilhos para perceberem que as escolas também contribuem para o fomento do racismo.

Hasenbalg (1992) identifica a presença do racismo em todas as etapas da vida do negro ou mestiço no Brasil, e, portanto, não é de se estranhar que o racismo esteja presente nas relações familiares, de amizade e na internet. Contudo, surpreende a observação dada por respondentes de que o racismo encontrado na escola seja produzido fora da escola, ou, pelo menos, seus principais responsáveis estejam fora de seus muros.

Esse dado promoveu um desconforto e uma consequente enxurrada de questionamentos: 1) como educadores podem enfrentar as dificuldades das tensões raciais no interior da escola se têm uma equivocada percepção de que seus agentes construtores estão fora do ambiente escolar? 2) Como há um racismo institucional operando nas escolas, mas regido por agentes alheios a esse processo, como isso se orquestra? e 3) Qual a razão de educadores não questionarem o currículo, os livros, a gestão ou a si mesmos como reprodutores, conscientes ou inconscientes, do racismo?

Essas indagações, no conjunto, refletem a preocupação de pesquisadores e educadores que buscam mudanças efetivas na educação, particularmente, para a prática eficaz e eficiente da Lei Federal n.º 10.639/2003 e da educação para as relações raciais. De acordo com algumas autoras (Cavalleiro, 2001; Filice, 2011; Gomes, N., 2011), no Brasil a realidade educacional é contraditória e complexa, no que diz respeito às desigualdades raciais e exige um questionamento crítico por parte dos profissionais da educação. A professora e o professor que observam o racismo na escola, mas evitam contextualizá-lo nesse espaço – questionando o currículo, os livros, os murais, os projetos políticos pedagógicos, o calendário e elementos afins – e delegam sua responsabilidade e criação a outrem, esvaziam quaisquer discussões sobre o assunto, e é justamente no vazio, na omissão e na atitude não reflexiva que se instalam, se mantêm e se preservam a cadeados as concepções e visões de uma sociedade racista.

Para finalizar, na visão de 50% do grupo respondente à lei em exame deveria ser abordada em todas as disciplinas. Apenas uma parcela mínima respondeu que não deveria ser abordada, ou seja, 1,6% do grupo, conforme a seguir:

Gráfico 10 – A temática do conteúdo de História e Cultura Africana e Afro-Brasileira deveria ser abordada na escola

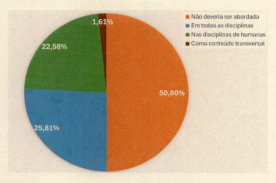

Fonte: pesquisa de campo

Diante disso, confirmei as disposições anteriormente discutidas: não há mais dúvida de que uma parcela considerável tem conhecimento do dispositivo legal, registra sua importância e até observa que relações desiguais raciais se operam no interior da escola. Em torno disso, gera-se uma expectativa em relação à obrigatoriedade do conteúdo, quando, de fato, ele vai acontecer. Ao longo das entrevistas, percebeu-se que há docentes rigidamente apegados aos conteúdos que já desenvolvem ao longo de suas carreiras e, ao mesmo tempo, ressentidos com a escola, a coordenação, a gestão, os projetos e, mais nitidamente, com suas rotinas:

> *Nesta escola, não há projeto, não tem nada. Nunca conversaram comigo, nem abordaram, nem projeto nenhum. Não tenho conhecimento (Mu).*

> *Priorizar o conteúdo, todos os professores de exatas (eles) priorizam o conteúdo. Mas isso não foi apenas em exatas não, em humanas também porque, em geral, isso acontece porque o professor quer priorizar o conteúdo que ele trabalha na sala de aula. Ele acha que não se encaixa, fala: Não, isso aqui não tem nada a ver com que eu tô trabalhando (Teta).*

> *Os professores estão desinteressados, esse ano os projetos foram suspensos por causa da greve (Épsilon).*

Que eu falei ano passado? A direção tem uma pauta e fala essa pauta, você vai trabalhar e cadê o espaço de diálogo? (Gama).

As coordenações são muito atropeladas, bota aquela pauta enorme e vão colocar tudo isso goela adentro. Você viu que o professor falou nas coordenações? Tem algum diálogo nas coordenações de quarta-feira? É possível algum diálogo ali? (Iota).

Nessa perspectiva, longe de se adentrar em todos os problemas que atuam no universo do professorado e, também distante de desconsiderá-los, a Lei Federal n.º 10.639/2003 é política pública educacional de grande significado para toda a população, especialmente, para a juventude. Logo, algumas questões se impõem, entre essas se ressalta a compreensão da necessidade e urgência desses conteúdos. Pode-se perguntar: o que tem o racismo com nossa história, relações raciais com cotas na universidade pública e discriminação e preconceito raciais com família, escola e emprego? Pareceu lógico? Por mais estranho que seja, tais questionamentos não são tão fáceis de compreensão para boa parcela da população. Pode também ser comum aceitar que muitos jovens negros são assassinados de modo arbitrário e violento por policiais, pois nada disso nos diz respeito. Contudo, isso não é verdadeiro, principalmente para educadores, para quem entende e vive a história como possibilidade e não como determinismo, parafraseando Freire (1996, p. 35), que afirma em uma de suas belas lições: "Ensinar exige risco, aceitação do novo e rejeição a qualquer forma de discriminação".

Assim, a lei exige *risco* para aplicá-la, apesar das estruturas sociais vigentes; *aceitação* em compreendê-la como conteúdo novo e diferenciado, que sinaliza novos horizontes e reitera, em sua proposta, a *rejeição* a qualquer discriminação, particularmente a racial. Para além do que até agora exposto, entende-se que a lei se conecta perfeitamente com os direitos humanos, razão pela qual se incluiu mais um breve capítulo para apresentar algumas dessas peculiaridades legais.

LEI 10.639/2003 E DIREITOS HUMANOS: CONEXÕES POSSÍVEIS

Neste capítulo, resgatam-se dispositivos teóricos e normativos e alguns dados coletados buscando tecê-los à luz dos direitos humanos.

Inicialmente, vale frisar que a Lei Federal n.º 10.639/2003 é lei educacional, que obrigou o ensino de História e Cultura da Afro-brasileira nos estabelecimentos de ensino médio e fundamental, logo, ela se materializa em um ambiente institucional, ou seja, concretizar o dispositivo legal diz respeito a ambientes, a agentes e a demais materiais didáticos e pedagógicos. Neste estudo, ambiente diz respeito à escola e escola diz respeito a instituições. Conforme dados apresentados no nível anterior, a escola foi avaliada pelas professoras e pelos professores como um local onde as práticas racistas e discriminatórias estão presentes, ou seja, revelando a presença de violência grave na instituição. Nesse sentido, ensina Santos, I. (2012, p. 29):

> O racismo institucional é revelado através de mecanismos e estratégias presentes nas instituições públicas, explícitos ou não, que dificultam a presença dos negros nesses espaços. O acesso é dificultado, não por normas e regras escritas e visíveis, mas por obstáculos formais presentes nas relações sociais que se reproduzem nos espaços institucionais e públicos. A ação é sempre violenta, na medida em que atinge a dignidade humana.

Tratando-se de reconhecer a presença do racismo na escola tal como dito, requer verificar quais são essas possíveis ações articuladas em seu interior que violam a dignidade humana. Antes, porém, cabe incluir o conceito de dignidade humana. Para Pequeno (2010), apesar do caráter prolixo, dúbio e de difícil elucidação, dignidade se apresenta como ideia destinada a orientar o agir, o sentir e o pensar humano em suas interações sociais, e tais ações delimitam os contornos e a amplitude da autonomia humana assim como definem o caráter próprio do sujeito. Dignidade humana, portanto, não pode ser relativizada, já que inata a todo homem, independe de qualquer cor, sexo, religião, posição social ou outro.

Tal como resenhado, dignidade humana é um princípio fundamental de nosso ordenamento jurídico (Brasil, 2010) que traz consigo um conjunto de direitos e garantias em diversas dimensões, entre as quais se destaca a educação. Contudo, para que o direito à educação, e mais especificamente à educação escolar, seja garantido, sabe-se que é forçoso que esse local, isto é, a escola mantenha em seu corpo condutas promotoras de direitos humanos, necessariamente.

Interessante apontar que, mesmo com as considerações prévias, professores identificam a presença de práticas racistas no cotidiano, assim como concordam (55,5%) que a igualdade formal não é suficiente para produzir uma sociedade de sujeitos livres e iguais. Arroyo nos diz que a estrutura seletiva do sistema escolar sustenta o racismo estrutural social:

> Se todos para o sistema são iguais em abstrato não existem desiguais nem diferentes. O silenciamento da questão racial é uma consequência. A diversidade no percurso de entrada e permanência são inegáveis, porém são vistas como responsabilidade individual entre iguais. Eles chegam em condições pessoais iguais para se inserir na lógica da igualdade. A ignorância da diversidade tem operado como indicador do perfil racista do sistema escolar que precisa ser superado (Arroyo, 2010, p. 116).

Apesar dessa constatação, o racismo escolar permanece incrustado há anos. Não por acaso, sempre denunciado pelos movimentos sociais negros, que se empenharam em combatê-lo e constantemente denunciam a obrigação de intervenção estatal pelo reconhecimento dos sujeitos discriminados como sujeitos de direitos, nesse particular, na educação. Para isso, estratégias universalistas que ignoram a alteridade, culturas e saberes diversos precisam ser substituídos por outros capazes de conceder aos educandos o direito de conhecer sua memória e cultura.

Nesse sentido, a Resolução n.º 1/2004 (Brasil, 2004) do Conselho Nacional de Educação (CNE), ao dispor sobre a educação das relações étnico-raciais e a implementação da Lei Federal n.º 10.639/2003, traz em seu bojo essa orientação. Não se trata apenas de introduzir um novo conteúdo, mas de efetivar um direito ao saber, à história, à cultura. É também um direito político na medida em que desconstrói falsas representações sobre o povo africano e a África, negativamente repercutidas sobre os afrodescendentes, em todos os espaços sociais que ocupam e procura educar cidadãos para o reconhecimento da pluralidade étnico-racial. Ciente disso, declara Gomes, N.

> A garantia na lei de as populações negras verem a sua história contada na perspectiva de luta, da construção e da participação histórica é um direito que deve ser assegurado a todos os cidadãos e cidadãos de diferentes grupos étnico-raciais, e é muito importante para a formação das novas gerações e para o processo de reeducação das gerações adultas, entre estas, os próprios educadores (Gomes, N., 2006, p. 33)

A mesma autora reflete que a lei em discurso é parte de um processo emancipatório em prol de uma educação antirracista que reconheça a diversidade, cujos desafios para educadores se impõem: principalmente, construir novas posturas e práticas sociais e pedagógicas, de maneira que esse discurso tem tomado fôlego não somente nos movimentos sociais. Educadores, mesmo com resistências – quando negam ou ignoram os mecanismos racistas que operam na instituição –, observam que a escola é um dos locais onde o aprendizado sobre direitos humanos, entre estes o direito à igualdade racial, é possível, tal como apresenta Tabela 20 a seguir:

Tabela 20 – Para você professor (a), igualdade racial também se aprende na escola?

	Frequência	Percentual
Sim	57	93,4
Não	4	6,6
Total	61	100,0

Fonte: pesquisa de campo

Esse conhecimento acerca da igualdade racial requer conhecê-la como um direito concreto. Impõe aos sujeitos envolvidos e empenhados em uma pedagogia de emancipação racial (Arroyo, 2011) e/ou pedagogia da diversidade (Gomes, N., 2011) romper com a prática de ensinar conteúdos marcados por "[...] estruturas de poder, pela marginalização e silenciamentos das culturas vistas como subalternas" (Arroyo, 2011). A presença do racismo institucional na escola é uma prova desse reducionismo que seleciona o que se aprende, e, com isso, nega a todas e a todos o direito a saberes diferenciados.

Observado pelas educadoras e pelos educadores, o racismo na escola revela com nitidez que esse espaço viola direitos humanos e, portanto, a dignidade humana. Ainda que atue também independente dos seus atores, é dever daqueles que o detectam operar mudanças. De modo que passados mais de 20 anos da publicação legal, a ação do professorado, nessa questão, não pode ser negligenciada, garantir aos alunos a aplicação do conteúdo disposto em lei e em diversos documentos normativos é, fundamentalmente, contribuir para uma cultura em direitos humanos.

A TÍTULO DE CONCLUSÃO

Inicialmente, apontaram-se marcos históricos e legislativos nos quais a lei encontra amparo, e, em seguida, estudaram-se os principais conceitos teóricos pertinentes ao tema. A pesquisa de campo que se delineou nesse caminhar procurou não se afastar desse aporte teórico nem da orientação metodológica. No campo, a resistência à pesquisa se operou algumas vezes por parte dos participantes: medo de que a entrevista fosse gravada, contato inicial um pouco hostil com respostas monossilábicas, e a negativa à concessão de entrevistas, contudo, são variantes previsíveis e possíveis que envolveram essa jornada peregrina.

No quesito recepção e importância acerca da legislação em estudo, isto é, como as professoras e os professores do ensino médio recepcionaram a Lei Federal n.º 10.639/2003, que torna obrigatório o ensino de História e Cultura da Afro-Brasileira e qual a importância dada pelo corpo docente à temática das relações raciais, verificou-se que, quanto à recepção, a lei foi formalmente recepcionada, ou seja, os docentes têm conhecimento sobre a obrigatoriedade da lei, assim como sobre os conteúdos impostos. E, quanto à importância, constatei que, entre as professoras e os professores pesquisados, há um consenso em relação a essa questão. A maioria do grupo respondente e entrevistado assinala a relevância do trato das questões raciais e da discussão do racismo, discriminação e preconceito raciais como superação de conflitos raciais no cotidiano escolar, a importância desses assuntos em sala de aula e na escola e a compreensão da relação entre o conteúdo trazido pela lei e as discriminações no cotidiano escolar. Logo, no conjunto houve uma avaliação positiva.

Na mesma esteira, o problema formulado quanto à aplicação, ou seja, quais as práticas pedagógicas desenvolvidas pelas professoras e pelos professores para a adaptação do conteúdo legal que transmita às alunas e aos alunos jovens um entendimento sólido sobre racismo e seus desdobramentos, revelou um leque de dados que refletiram posições contrárias entre a vontade de fazer, a dificuldade em operacionalizá-la, e principalmente, a não aplicabilidade de modo imediato, tal como se espera de um dispositivo legal.

Entre esses modos revelados de fazer valer a citada lei, um dos mais destacados foi a forma esporádica e, por vezes, descompromissada, servindo apenas para justificar um calendário (Semana da Consciência Negra). Em alguns casos, a fala de entrevistadas e entrevistados expôs que esses eventos estão mais a reforçar desigualdades que a combater práticas discriminatórias. Além disso, houve outra contradição, o reconhecimento da lei como conteúdo obrigatório e necessário colide, na prática, com os conteúdos exigidos. Percebe-se, portanto, uma dificuldade não em compreender a necessidade da aplicação da lei, mas de elevar esses conteúdos e demais dispositivos que complementam a legislação à categoria de essenciais, significativos, tais como são considerados aqueles já aplicados no dia a dia, em sala de aula. De modo que há uma distância entre o que é importante para ser aplicado e o que é essencial para ser aplicado. Essa condição exige a formulação de estratégias por parte do Estado em tomar medidas mais eficazes na elaboração de cursos de formação de professores voltados para a lei que priorizem práticas pedagógicas voltadas para a superação das desigualdades raciais.

Nesse particular, a resistência, em tornar os conteúdos impostos pela lei em exame em conteúdos aplicáveis efetivamente, reflete para alguns autores (Arroyo, 2011; Gomes, N., 2011) uma estrutura curricular que privilegia determinados conteúdos em prol de outros, silenciando sobre culturas e tradições de grupos historicamente discriminados. Essas críticas expõem a rigidez sobre a qual se estruturam os sistemas de ensino, que estão aptos a introduzir a diversidade cultural, desde que não modifiquem a tradição cultural na qual se legitimam (Arroyo, 2011). Tal tensão evidencia, na prática educativa, a distância existente entre os valores proclamados e os valores reais (Teixeira, 1962) e a presença de elementos que reforçam a hipocrisia organizacional, onde ações estão em frequente contradição com as decisões (Brunson, 2007), expondo, dessa forma, a realidade educacional brasileira.

Nesse âmbito, o discurso sobre a temática dos direitos humanos se impõe, pois o dispositivo legal traz em seu cerne esse debate. Em primeiro lugar, como política pública educacional tem o escopo de realizar uma ação interventiva e preventiva no sentido de evitar qualquer forma de desrespeito. Assim, a lei é um tema que diz respeito a todas e a todos, não apenas aos grupos discriminados racialmente. Em segundo, há um conjunto de direitos humanos (implícitos e explícitos) demandados pelo artigo 26-A da LDBEN: direito ao conhecimento histórico e cultural; respeito às tradições culturais do outro; superação das discriminações raciais; resgate da dignidade pelo reconhecimento histórico; entre outros.

Entretanto, a escola não se mostra frágil para assumir esse papel social de incluir conteúdos voltados para os direitos humanos verdadeiramente em seus projetos. Ao contrário, há muitos atores interessados em dar prosseguimento a uma educação em direitos humanos, a uma educação antirracista ou, em outras palavras, a uma pedagogia da autonomia (Freire, 1996), a uma pedagogia da diversidade (Gomes, N. 2011) ou a uma pedagogia de emancipação racial e social (Arroyo, 2011). Todas essas têm em comum a crença de que a educação é um instrumento para a formação de cidadania e de participação política, cujos resultados podem operar mudanças na vida dos envolvidos. Todavia, todas essas têm também um conjunto de variáveis adversas envolvidas: acomodação, inflexibilidade, apego aos conteúdos tradicionalmente trabalhados, resistências a mudanças, entre outras.

Vale ressaltar que esses inimigos comuns a uma educação voltada para as relações raciais estão estruturados, como largamente abordados, em mecanismos sociais de difícil ruptura. Para compreendê-los, adota-se um esquema com dois eixos, adaptando à ideia de relações sociais verticais e horizontais, que se chamam aqui eixo das permanências e eixo das significâncias, conforme Figura 2:

Figura 3 – Permanências X Significâncias

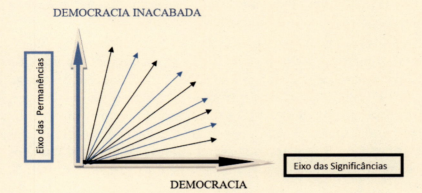

Fonte: elaboração própria

No primeiro, as relações sociais se amparam em um mecanismo onde aqueles que estão empoderados preservam esse *status* por meio de condutas comissivas ou omissivas. Para esclarecer, os beneficiários transitam em várias posições: em relação ao gênero, por exemplo, estão os homens; em relação à cor e à raça, os brancos; em relação à posição social, os ricos; nas relações trabalhistas, os patrões. Nesse processo de verticalização, as relações são hierarquizadas e as diferenças acabam se constituindo em um empecilho à igualdade. Em oposição ao eixo das permanências, em ângulo de noventa graus, o eixo das significâncias opera em princípio oposto: há o respeito e reconhecimento das diferenças e possibilidade de trocas, não há a prevalência de uns sobre os demais. Cada posição ocupada é diferente, compreendida como diferente, mas não é desigual. Assim, as posições ocupadas nesse eixo são equidistantes.

De modo que entre os dois eixos – eixo das permanências (vertical) e o eixo das significâncias (horizontal) – há constante oscilação. Quanto mais o eixo vertical se afasta do eixo horizontal, mais as práticas desenvolvidas nessa sociedade indicam uma grande quantidade de indivíduos à margem das decisões, indicativos de regressão democrática; quanto mais se aproxima do eixo das significações, mais se distancia de democracias inacabadas ou incompletas. Ações, instrumentos e agentes, conjuntamente, operam esse mecanismo de aproximações e distanciamentos.

No caso da educação escolar e da aplicação da Lei Federal n.º 10. 639/2003 em estudo, percebi que ações pedagógicas adversas atuam afastando práticas concretas de reconhecimento e valorização da diversidade étnico-racial, seja pelo apego às estruturas tradicionais, seja pelo não entendimento da educação como humanização (Gomes, N., 2011). Assim, o livro, que ora se finda, sugere que o caminho para apaziguar e combater essas práticas de permanência e, portanto, garantir que a escola seja igual para todos é o enfrentamento. Tal embate remete à história. A história de todas e todos que têm buscado trazer à luz os conceitos, muitas vezes precários, de diversidade e cidadania, assim como feito e construído lutas antirracistas em prol, principalmente, de uma educação de respeito aos direitos humanos, de respeito às diferenças. Todos e todas, educadores e educadoras, estão convocados a contar essa história e com os baobás a contar os caminhos percorridos!

REFERÊNCIAS

ANUÁRIO Brasileiro de Segurança Pública / Fórum Brasileiro de Segurança Pública. – 1 (2006) – São Paulo: FBSP, 2023. Disponível em: https://publicacoes.forumseguranca.org.br/handle/123456789/229. Acesso em: 3 jul. 2024.

ABDI, Ali A; SHULTZ, Lynette. Continuities of racism and inclusive citizenship: framing global citizenship and human rights education. *In:* ABDI, Ali A; GUO, Shibao (org.). *Education and Social Development:* global issues and analyses. Rotterdam, The Netherlands: Sense Publishers, 2008. p. 24-36.

ABRAMOVAY, Miriam; CUNHA, Ana Lúcia; CALAF, Priscila Pinto. *Revelando traumas, descobrindo segredos:* violência e convivência nas escolas. Brasília: SEDF, 2009. Disponível em: http://www.abglt.org.br/docs/Revelando_Tramas.pdf. Acesso em: 23 abr. 2011.

ALVES, Rubem Azevedo. *Conversas com quem gosta de ensinar.* São Paulo: Cortez, 1985.

ANDRÉ, Marli E. D. A. A pesquisa no cotidiano escolar. *In:* FAZENDA, Ivani (org.). *Metodologia da pesquisa educacional.* 10. ed. São Paulo: Cortez, 2006. p. 35-45.

APPIAH, Kwame Antthony. *Na casa de meu pai:* a África na filosofia da cultura. Rio de Janeiro: Contraponto, 1997.

ARAUJO, Débora Cristina de. Relações raciais, discurso e literatura infanto-juvenil. 2010. Dissertação (Mestrado em Educação) – UFPR, Curitiba, 2010. Disponível em: http://www.ppge.ufpr.br/teses/M10_araujo.pdf. Acesso em: 2 maio 2011.

ARROYO, Miguel González. A pedagogia multirracial popular e o sistema escolar. *In:* GOMES, Nilma Lino (org.). *Um olhar além das fronteiras:* educação e relações raciais. Belo Horizonte: Autêntica, 2010. p. 111-130.

BARBOSA, Ericka Fernandes Vieira. Políticas públicas para o ensino médio e juventude brasileira. 2009. Dissertação (Mestrado) – UnB, Brasília, 2009. Disponível em: http://repositorio.bce.unb.br/bitstream/10482/4238/1/2009_ErickaFernandesVBarbosa.pdf. Acesso em: 12 maio 2011.

BARDIN, Laurence. *Análise de conteúdo*. Lisboa: Edições 70, 2009.

BAUMAN, Zygmunt. *Modernidade* **líquida**. Rio de Janeiro: Jorge Zahar, 2005.

BENTO, Maria Aparecida Silva. *Cidadania em preto e branco.* São Paulo: Ática, 2006.

BENTO, Maria Aparecida Silva. Branqueamento e branquitude no Brasil. *In:* CARONE, Iray; BENTO, Maria Aparecida Silva (org.). *Psicologia social do racismo*: estudos sobre branquitude e branqueamento no Brasil. Petrópolis: Vozes, 2009. p. 25-57.

BOBBIO, Noberto. *A era dos direitos.* Rio de Janeiro: Campus, 1992.

BOHNSACK, Ralf; PFAFF, Nicolle; WELLER, Vivian (org.). *Qualitative analysis and documentary method in international.* Opladen & Farmington Hills: Barbara Budrich, 2010.

BRASIL. *Constituição da República Federativa do Brasil de 1988.* Disponível em: http://www.planalto.gov.br/ccivil_03/constituicao/constitui%C3%A7ao.htm. Acesso em: 18 ago. 2010.

BRASIL. *Diretrizes Curriculares Nacionais para Educação das Relações Etnicorraciais e para o Ensino de História e Cultura Afrobrasileira e Africana.* Brasília, 2004. Disponível em: http://portal.mec.gov.br/index.php?Itemid=913&catid=194%3A-secad-educacao-continuada&id=13788%3Adiversidade-etnico-racial&option=-com_content&view=article. Acesso em: 12 ago. 2010.

BRASIL. *Estatuto da Igualdade Racial.* Lei 12.288, de 20 de julho de 2010. Brasília: SEPPIR, 2010d.

BRASIL. Instituto Brasileiro de Geografia e Estatística – IBGE. *Características étnico-raciais da população*: um estudo das categorias de classificação de cor ou raça. Rio de Janeiro, 2008. Disponível em: http://www.ibge.gov.br/home/estatistica/populacao/caracteristicas_raciais/PCERP2008.pdf. Acesso em: 22 jul. 2011.

BRASIL. Instituto de Pesquisa Econômica Aplicada – Ipea. Dinâmica Demográfica da População Negra Brasileira. *Comunicados do Ipea n. 91.* Brasília. Disponível em: http://www.ipea.gov.br/portal/images/stories/PDFs/comunicado/110512_comunicadoipea91.pdf. Acesso em: 22 jul.2011.

BRASIL. *Lei de Diretrizes e Bases da Educação Nacional:* Lei n.º 9.394, de 20 de dezembro de 1996, que estabelece as diretrizes e bases da educação. 2010a. Disponível em: http://bd.camara.gov.br/bd/bitstream/handle/bdcamara/2762/ldb_5ed.pdf. Acesso em: 5 set. 2011.

BRASIL. Lei n.º 10.639, de 9 de janeiro de 2003. *Diário Oficial [da] República Federativa do Brasil.* Brasília, DF, 9 jan. 2003. Disponível em: http://www.planalto.gov.br/ccivil_03/leis/2003/L10639. htm. Acesso em: 3 ago. 2010.

BRASIL. Ministério da Educação. *Plano Nacional de Implementação das Diretrizes Curriculares Nacionais para a Educação das Relações Etnicorraciais e para o Ensino de História e Cultura Afrobrasileira e Africana.* Brasília: MEC, 2010b. Disponível em: www.mp.pe.gov.br/uploads/.../planonacional_10.6391. pdf. Acesso em: 3 ago. 2010.

BRASIL. Ministério da Educação. *Plano Nacional de Educação em Direitos Humanos* – PNEDH. Comitê Nacional de Educação em Direitos Humanos: 2008. Brasília: Secretaria Especial dos Direitos Humanos, 2009.

BRASIL. Ministério do Trabalho. *Programa Nacional de Direitos Humanos.* Brasil, gênero e raça: todos pela igualdade de oportunidade: teoria e prática. Brasília: MTb, Assessoria Internacional, 1998.

BRASIL. *Plano Nacional de Promoção da Igualdade Racial* – PLANAPIR. Brasília: SEPPIR. 2009a.

BRASIL. *Programa do Combate ao Racismo Institucional.* Brasília: DFID, 2007

BRASIL. *Programa Nacional de Direitos Humanos* – PPNDH-3. Brasília: Secretaria de Direitos Humanos da Presidência da República – SDH/PR, 2010c. Disponível em: http://portal.mj.gov.br/sedh/pndh3/pndh3.pdf. Acesso em: 9 dez. 2011.

BRUNSSON, Nils. *The consequences of decision-making.* Oxford: Oxford University Press, 2007.

CASTRO, Mary Garcia; ABRAMOVAY, Miriam (coord.). *Relações raciais na escola*: reprodução das desigualdades em nome da igualdade. Brasília: UNESCO/ INEP, 2006.

CAVALLEIRO, Eliane (org.). *Racismo e anti-racismo na educação*: repensando nossa escola. São Paulo: Selo Negro, 2001.

CAVALLEIRO, Eliane. *Do silêncio do lar ao silêncio escolar*: racismo, preconceito e discriminação na educação infantil. São Paulo: Contexto, 2003.

CERVERA, Júlia Peréz; FRANCO, Paki Venegas. *Manual para o uso não sexista da linguagem*: o que bem se diz... bem se entende. *S.l.* REPEM, 2006. Disponível em: http://www.campanaderechoeducacion.org/sam2011/wp-content/uploads/2011/05/manualusonaosexistalinguagem.pdf. Acesso em: 2 set. 2012.

CONSELHO DE EDUCAÇÃO DO DISTRITO FEDERAL – CEDF. Resolução n.º 1/2009, de 16 de junho de 2009. *Normas para o sistema de ensino do Distrito Federal*. Brasília: Conselho de Educação do Distrito Federal, 2009. Disponível em: www.conselhodeeducacao-df.com.br/documentos/legislacao/leis_e_normas/normas_ensino.pdf. Acesso em: 15 ago. 2012.

COSTA, Jurandir Freire. *Violência e psicanálise*. 2. ed. Rio de Janeiro: Graal, 1986.

COSTA NETO, Antonio Gomes da. Ensino religioso e as religiões de matrizes. 2010. Dissertação (Mestrado) – UnB, Brasília, 2010. Disponível em: http://repositorio.bce.UnB.br/handle/10482/7083. Acesso em: 11 maio 2011.

CUNHA, Eglaísa Micheline Pontes. Sistema universal e sistema de cotas para negros na Universidade de Brasília: um estudo de desempenho. 2006. Dissertação (Mestrado) – UnB, Brasília, 2006. Disponível em: http://repositorio.bce.UnB.br/handle/10482/2365. Acesso em: 12 maio 2011.

D'ADESKY, Jacques. Racismo e discriminação. *In:* BORGES, Edson *et al.* (coord.). *Racismo, preconceito e intolerância*. São Paulo: Atual, 2002. p. 42-58.

DEMO, Pedro. *Metodologia do conhecimento científico*. São Paulo: Atlas, 2009.

DISTRITO FEDERAL. Companhia de Planejamento do Distrito Federal – CODEPLAN *Análise das relações de raça/cor*. 2012a. Disponível em: http://www.codeplan.df.gov.br. Acesso em: 22 mar. 2012.

DISTRITO FEDERAL. Polícia Militar do Distrito Federal. *Cuidados para evitar roubos e furtos na estação rodoviária de Brasília*. 2012. Disponível em: http://profdiafonso.blogspot.com.br/2011/10/cartilha-racista-da-policia-militar-do.html. Acesso em: 2 jan. 2012.

DISTRITO FEDERAL. Portaria n.º 74, de 29 de janeiro de 2009, *Diário Oficial do Distrito Federal*. Brasília, DF, 30 de janeiro de 2009. Disponível em: http://ensinopublico.com/wp-content/uploads/2011/06/Portaria-n-04. pdf. Acesso em 13 ago. 2012.

DISTRITO FEDERAL. Secretaria de Estado de Educação do Distrito Federal – SEDF. *Censo Escolar 2011*. 2012b. Disponível em: http://www. se.df.gov.br/wp-content/uploads/pdf_se/Censo/2011_301_em_pub_dre. pdf. Acesso em: 12 mar. 2012.

DISTRITO FEDERAL. Secretaria de Estado de Educação – SEDF. *Currículo da Educação Básica* – Ensino Médio Versão Experimental. Brasília, 2008. Disponível em: http://www.se.df.gov.br/wp-content/uploads/pdf_se/ links_paginas/cur_ed_basica/curriculo_medio.pdf. Acesso em: 14 ago. 2012.

DISTRITO FEDERAL. Secretaria de Estado de Educação – SEDF. *Diretrizes Pedagógicas da Secretaria e Estado de Educação do Distrito Federal*. 2009/2013 Brasília, 2008. Disponível em: http://www.se.df.gov.br/wp-content/ uploads/pdf_se/publicacoes/diretrizes_pedagogicas.pdf. Acesso em: 14 ago. 2012.

DISTRITO FEDERAL. Secretaria de Estado de Educação – SEDF. *Regimento Escolar das Instituições Educacionais da Rede Pública de Ensino do Distrito Federal*. 5 ed. Brasília, 2009a.

DUARTE, Sonia Regina Silva. Perfil étnico-racial dos (as) ingressantes de 2009 do *Instituto Federal de Educação, Ciência e Tecnologia do Pará*: uma contribuição para a análise, proposição e implementação de medidas de ações afirmativas. 2010. Dissertação (Mestrado) – UnB, Brasília, 2010.

Disponível em: http://repositorio.bce.UnB.br/handle/10482/6943. Acesso em: 11 maio 2011.

FERNANDES, Florestan. *A integração do negro na sociedade de classes*. São Paulo: Dominus, 1965.

FERNANDES, Florestan. *O negro no mundo dos brancos*. São Paulo: Difusão Européia do Livro, 1972.

FILICE, Renísia Cristina Garcia. *Raça e classe na gestão da educação básica brasileira*: a cultura na implementação de políticas públicas. Campinas: Autores Associados, 2011.

FREIRE, Paulo. *Pedagogia da autonomia*: saberes necessários à prática educativa. São Paulo: Paz e Terra, 1996.

FREYRE, Gilberto. *Na Bahia em 1943*. Rio de Janeiro: Cia. Brasileira de Artes Gráficas, 1944.

FUNDAÇÃO INSTITUTO DE PESQUISAS ECONÔMICAS – FIPE. *Pesquisa sobre preconceito e discriminação no ambiente escolar*, 2010. Disponível em: http://portal.mec.gov.br/dmdocuments/diversidade_apresentacao. pdf. Acesso em: 2 ago. 2010.

GATTI, Bernardete Angelina. *A construção da pesquisa em educação no Brasil*. Brasília: Liber Livro, 2007.

GIL, Antonio Carlos. **Métodos e técnicas de pesquisa social**. 6. ed. São Paulo: Atlas, 2010.

GOMES, Cândido Alberto. *Dos valores proclamados aos valores vividos*: traduzindo em atos os princípios das nações Unidas e da UNESCO para projetos escolares e políticas públicas educacionais. Brasília: UNESCO, 2001. Disponível em: http://josenorberto.com.br/VALORES%20PRO-CLAMADOS%20AOS%20VALORES%20VIVIDOS.pdf. Acesso em: 10 ago. 2012.

GOMES, Joaquim B. Barbosa. *Ação afirmativa & princípio da constitucionalidade da igualdade*: o direito como instrumento de transformação social. A experiência dos EUA. Rio de Janeiro: Renovar, 2001.

GOMES, Nilma Lino. Diversidade cultural, currículo e questão racial: desafios para a prática pedagógica. *In:* ABRAMOWICZ, Anete; BARBOSA Maria de Assunção; SILVÉRIO, Valter Roberto (org.). *Educação como prática da diferença.* Campinas: Armazém do Ipê, 2006. p. 21-40.

GOMES, Nilma Lino. Diversidade étnico-racial e educação no contexto brasileiro: algumas reflexões. *In:* GOMES, Nilma Lino (org.). *Um olhar além das fronteiras:* educação e relações raciais. Belo Horizonte: Autêntica, 2010. p. 97-109.

GOMES, Nilma Lino. Educação cidadã, etnia e raça: o trato pedagógico da diversidade. *In:* CAVALLEIRO, Eliane (org.). *Racismo e anti-racismo na educação:* repensando nossa escola. São Paulo: Selo Negro, 2001. p. 81-96.

GOMES, Nilma Lino. Educação, raça e gênero: relações imersas na alteridade. *Cadernos Pagu*, São Paulo, n. 6-7, p. 67-82, 1996. Disponível em: http://www.ieg.ufsc.br/admin/downloads/artigos/gomes.pdf. Acesso em: 30 jul. 2010.

GOMES, Nilma Lino. Trajetórias escolares, corpo negro e cabelo crespo: reprodução de estereótipos ou ressignificação cultural? *Revista Brasileira de Educação*, Rio de Janeiro, n. 21, p. 40-51, set./dez. 2002.

GUIMARÃES, Antônio Sérgio Alfredo. *Classes, raças e democracia.* São Paulo: Ed. 34, 2002.

GUIMARÃES, Antônio Sérgio Alfredo. Como trabalhar com "raça" em sociologia. *Educação e Pesquisa*, São Paulo, v. 29, n. 1, p. 93-107, jan.-jun. 2003.

GUIMARÃES, Antônio Sérgio Alfredo. *Preconceito Racial:* modos, temas e tempos. São Paulo: Cortez, 2008.

HASENBALG, Carlos Alfredo. *Discriminação e desigualdades raciais no Brasil.* Rio de Janeiro: Graal, 1979.

HASENBALG, Carlos Alfredo. Negros e mestiços: vida, cotidiano e movimento. *In:* SILVA, Nelson do Valle; HASENBALG, Carlos A. (org.). *Relações raciais no Brasil contemporâneo.* Rio de Janeiro: Rio Fundo, 1992. p. 149-164.

HASENBALG. Raça e oportunidades educacionais no Brasil. *In:* SILVA, Nelson do Valle; HASENBALG, Carlos A. (org.). *Relações raciais no Brasil contemporâneo.* Rio de Janeiro: Rio Fundo, 1992a. p. 79-100.

HOLANDA, Maria Auxiliadora de Paula Gonçalves. *Trajetória de vida de jovens negras da UnB no contexto das ações afirmativas.* 2008. Dissertação (Mestrado) – UnB, Brasília, 2008. Disponível em: http://repositorio.bce. UnB.br/handle/10482/1887. Acesso em: 2 maio 2011.

JACCOUD, Luciana. O Combate ao racismo e à desigualdade: o desafio das políticas públicas de promoção da igualdade racial. *In:* THEODORO, Mario (org.). *As políticas públicas e a desigualdade racial no Brasil:* 120 anos após a abolição. Brasília: Ipea, 2008. p. 135-170.

LIMA, Denise. Baobás. *In:* RIBEIRO, Negrão; BARBOSA, Márcio (org.). *Cadernos Negros*: Contos Afro-brasileiros. São Paulo: Quilombhoje, 2011. v. 34, p. 67-68.

LIMA, Denise. *Corpos negros, linguagens brancas*: o mito da boa-aparência. Curitiba: Appris, 2021.

LÜDKE, Menga; ANDRÉ, Marli. *Pesquisa em Educação*: abordagens qualitativas. São Paulo: EPU, 1988.

MAIA, Luciano Mariz. Educação em direitos humanos e tratados internacionais de direitos humanos. *In:* GODOY, Rosa Maria *et al.* (org.). *Educação em direitos humanos*: fundamentos teórico-metodológicos. Brasília: Secretaria Especial dos Direitos Humanos. Presidência da República, 2010. p. 85-101.

MARTINS, Gilberto de Andrade. *Estudo de caso*: uma estratégia de pesquisa. 2. ed. 2008.

MELLO, Celso Antônio Bandeira de. *Curso de direito administrativo.* 12. ed. São Paulo: Malheiros Editores, 2000.

MINAYO, Maria Cecília de Souza. *O desafio do conhecimento*: pesquisa qualitativa em saúde. 11. ed. São Paulo: Hucitec, 2008.

MUNANGA, Kabengele. Uma abordagem conceitual das noções de raça, racismo, identidade e etnia. *Inclusão social: um debate necessário?* Núcleo

Web – Cedecom. UFMG. Disponível em: http://www.ufmg.br/inclusao-social/?p=59. Acesso em: 10 mar. 2012.

NASCIMENTO, Anderson Messias Roriso Do. O hip hop como experiência estética: apropriações e ressignificações por jovens do ensino médio privado. 2011. Dissertação (Mestrado) – UnB, Brasília, 2011. Disponível em: http://repositorio.bce.UnB.br/handle/10482/9556. Acesso em: 12 maio 2011.

NASCIMENTO, Sergio Luis do. Relações raciais em livros didáticos de ensino religioso no ensino fundamental. 2009. Dissertação (Mestrado) – UFPR, Curitiba, 2009. Disponível em: http://www.ppge.ufpr.br/teses/M09_nascimento.pdf. Acesso em: 3 set. 2011.

NOGUEIRA, Oracy. [1954]. *Tanto preto, quanto branco*: estudo de relações raciais. São Paulo: T. A. Queiroz, 1985.

NUNES, Érica Melanie Ribeiro. Cidadania e multiculturalismo: a Lei 10.639/03 no contexto das bibliotecas das escolas municipais de Belo Horizonte. 2010. Dissertação (Mestrado) – UFMG, Belo Horizonte, 2010. Disponível em: http://www.bibliotecadigital.ufmg.br/dspace/handle/1843/ECID-87BK7N. Acesso em: 11 maio 2011.

OLIVEIRA, Carolina dos Santos. *As adolescentes negras no discurso da Revista Atrevida*. 2009. Dissertação (Mestrado) – UFMG, Belo Horizonte, 2009. Disponível em: http://www.bibliotecadigital.ufmg.br/dspace/handle/1843/FAEC-83UMC. Acesso em: 5 maio 2011.

OLIVEIRA, Vanessa Regina Eleutério Miranda de. *Currículos e a Questão Racial nas Práticas Escolares*. 2002. Dissertação (Mestrado) – UFMG, Belo Horizonte, 2002. Disponível em: http://www.bibliotecadigital.ufmg.br/dspace/handle/1843/FAEC-87YNRM. Acesso em: 3 maio 2011.

ONU – ORGANIZAÇÃO DAS NAÇÕES UNIDAS. Resolução n.º 2.106-A de 21 de dezembro de 1965 e ratificada pelo Brasil em 27 de março de 1968. *Convenção Internacional sobre Eliminação de Todas as Formas de Discriminação Racial*. Disponível em: http://www.rolim.com.br/2002/_pdfs/0616.pdf. Acesso em: 7 mar. 2012.

PASSOS, Joana Célia dos. Implantação da Lei 10.639 esbarra na gestão do sistema e das escolas. *Revista Nação Escola*, **Núcleo** de Estudos Negros, Atilènde, n. 2, p. 6-9, abr. 2010.

PEQUENO, Marconi. Sujeito, autonomia e moral. *In:* GODOY, Rosa Maria *et al.* (org.). *Educação em direitos humanos*: fundamentos teórico-metodológicos. Brasília: Secretaria Especial dos Direitos Humanos: Presidência da República, 2010. p. 187-207.

PERRENOUD, Philippe. *Escola e Cidadania*: o papel da escola na formação para a democracia. Porto Alegre: Artmed, 2005.

PINTO, Regina P. A representação do negro em livros didáticos de leitura. *Cadernos de Pesquisa*, São Paulo, n. 63, p. 88-92, nov. 1987. Disponível em: http://www.fcc.org.br/pesquisa/publicacoes/cp/arquivos/659.pdf. Acesso em: 1 ago. 2010.

PIZA, Edith; ROSEMBERB, Fúlvia. A cor nos censos brasileiros. *In:* CARONE, Iray; BENTO, Maria Aparecida Silva (org.). *Psicologia social do racismo*: estudos sobre branquitude e branqueamento no Brasil. Petrópolis: Vozes, 2009. p. 91-120.

PRECONCEITO. *In:* Dicionário de Sociologia, 2012. p. 368. Disponível em: http://bib.praxis.ufsc.br:8080/xmlui/bitstream/handle/praxis/482/5023019-DICIONARIO-DE-SOCIOLOGIA.pdf?sequence=1. Acesso em: 30 set. 2012.

ROCHA, Luiz Carlos Paixão da. Políticas afirmativas e educação: A Lei 10.639/03 no contexto das políticas educacionais no Brasil contemporâneo. 2006. Dissertação (Mestrado em Educação e Trabalho) – UFPR, Curitiba, 2006. Disponível em: http://www.nupe.ufpr.br/paixao.pdf. Acesso em: 5 maio 2011.

RODRIGUES, Ruth Meyre Mota. Educação das relações raciais no Distrito Federal: desafios da gestão. 2010. Dissertação (Mestrado em Educação) – UnB, Brasília, 2010. Disponível em: http://repositorio.bce.Unb.br/handle/10482/6943. Acesso em: 11 maio 2011.

SALES JÚNIOR, Ronaldo Laurentino. *Raça e justiça*: o mito da democracia racial e o racismo institucional no fluxo de justiça. Recife: Fundação Joaquim Nabuco, Massangana, 2009.

SANTOS, Ivair Augusto Alves dos. *Direitos humanos e as práticas do racismo.* Brasília: Fundação Cultural Palmares, 2012.

SANTOS, Ivair Augusto Alves dos. Discriminação: uma questão de direitos humanos. *In:* OLIVEIRA, Dijaci David de *et al.* (org.). *50 anos depois:* relações raciais e grupos socialmente segregados. Brasília: Movimento Nacional de Direitos Humanos, 1999. p. 53-74.

SANTOS, Ivair Augusto Alves dos. *O movimento negro e o Estado:* o caso do Conselho de Participação e Desenvolvimento da Comunidade Negra no Governo de São Paulo (1983-1987). Campinas: GSP, 2005.

SANTOS, Joel Refino dos. A luta organizada contra o racismo. *In:* BARBOSA, Wilson do Nascimento; SANTOS, Joel Refino dos (org.). *Atrás do muro da noite:* dinâmica das culturas afro-brasileiras. Brasília: Ministério da Cultura: Fundação Palmares, 1994. p. 87-146.

SANTOS, Sales Augusto dos. A Lei n.º 10.639/03 como fruto da luta anti-racista do Movimento Negro. *In:* BRASIL. Ministério da Educação. *Educação anti-racista:* caminhos abertos pela Lei Federal n.º 10.639/03. Brasília: Ministério da Educação: Secretaria de Educação Continuada, Alfabetização e Diversidade, 2005. Disponível em: http://unesdoc.unesco. org/images/por.pdf. Acesso em: 7 jul. 2010.

SCHWARCZ, Licia Moritz. *O espetáculo das raças:* cientistas, instituições e a questão racial no Brasil (1870-1930). São Paulo: Companhia das Letras, 1993.

SILVA, Adailton *et al.* Entre o racismo e a desigualdade: da constituição à promoção de uma política de igualdade racial (1988-2008). *In:* JACCOUD, Luciana. A construção de uma política de promoção da igualdade racial: uma análise dos últimos 20 anos. Brasília: Ipea, 2009.

SILVA, Natalino Neves da. Juventude, EJA e relações raciais: um estudo sobre os significados e sentidos atribuídos pelos jovens negros aos processos de escolarização da EJA. 2009. Dissertação (Mestrado em Educação) – UFMG, Belo Horizonte, 2009. Disponível em: http://www.bibliotecadigital.ufmg.br/dspace/bitstream/1843/HJPB-7UPMEW/1/1000000774. pdf. Acesso em: 11 maio 2011.

SILVA, Vinicius Baptista da. *Racismo em livros didáticos:* estudo sobre negros e brancos em livros de Língua Portuguesa. Belo Horizonte: Autêntica, 2008.

SOBANSKI, Adriane de Quadros. *Como os professores e jovens estudantes do Brasil e de Portugal se relacionam com a idéia de África.* 2008. Dissertação (Mestrado em Educação) – UFPR, Curitiba, 2008. Disponível em: http://www.ppge.ufpr.br/teses/M08_sobanski.pdf. Acesso em: 3 maio 2011.

SOUZA, Jessé. Democracia racial e multiculturalismo: a ambivalente singularidade cultural brasileira. *Revista Estudos Afro-Asiáticos*, Rio de Janeiro, n. 38, p. 135-155, dez. 2000. Disponível em: http://www.scielo.br/scielo.php?script=sci_arttext&pid=S0101-546X2000000200007. Acesso em: 2 maio 2011.

STAKE, Robert E. *A arte da investigação com estudos de caso.* Lisboa: Fundação Caloste Gulbenkian, 2007.

TEIXEIRA, Anísio. Valores proclamados e valores reais nas instituições escolares brasileiras. *Revista Brasileira de Estudos Pedagógicos*, Rio de Janeiro, v. 37, n. 86, p. 59-79, abr./jun. 1962. Disponível em: http://www.bvanisioteixeira.ufba.br/artigos/valores.html. Acesso em: 4 set. 2012.

THEODORO, Mário. À guisa de conclusão: o difícil debate da questão racial e das políticas públicas de combate à desigualdade e à discriminação racial no Brasil. *In:* THEODORO, Mario (org.). *As políticas públicas e a desigualdade racial no Brasil*: 120 anos após a abolição. Brasília: Ipea, 2008. p. 171-180.

UNICEF Brasil – FUNDO DAS NAÇÕES UNIDAS PARA A INFÂNCIA. *Legislação, normativas, documentos e declarasções.* Disponível em: http://www.educacao.salvador.ba.gov.br/site/documentos/espaco-virtual/espaco-legislacao/EDUCACIONAL/NACIONAL/declaracao%20mundial%20sobre%20educacao%20para%20todos.pdf. Acesso em: 31 ago. 2012.

VALVERDE, Danielle Oliveira. Políticas para além do ensino médio: a política de cotas da Universidade de Brasília e o lugar do/a jovem negro/a na educação. 2008. Dissertação (Mestrado em Educação) – UnB, Brasília, 2008. Disponível em: http://repositorio.bce.Unb.br/handle/10482/1722. Acesso em: 5 maio 2011.